ये आदमी ये चूहे

(नाटक)

D1832600

ये आदमी ये चूहे

मूल नाटक

जॉन स्टीनबैक

हिन्दी रूपान्तर

देवेन्द्र राज अंकुर

वीरेन्द्र सक्सेना

वाणी प्रकाशन

वाणी प्रकाशन

4695, 21-ए, दरियागंज, नयी दिल्ली 110 002

फ़ोन : +91 11 23273167 फ़ैक्स : +91 11 23275710

शाखाएँ

अशोक राजपथ, पटना 800 004, बिहार

कॉफ़ी हाउस कैम्पस, महात्मा गांधी मार्ग, इलाहाबाद 211 001, उत्तर प्रदेश

महात्मा गांधी अन्तरराष्ट्रीय हिन्दी विश्वविद्यालय, वर्धा 442 001, महाराष्ट्र

www.vaniprakashan.in
marketing@vaniprakashan.in
sales@vaniprakashan.in

YE AADMI YE CHOOHE
by John Steinback
Adapted by Devendra Raj Ankur & Virendra Saxena

ISBN : 978-81-7055-737-1
Play

© देवेन्द्र राज अंकुर

प्रथम संस्करण 2001
आवृत्ति 2018

मूल्य : ₹ 195

इस पुस्तक के किसी भी अंश को किसी भी माध्यम में प्रयोग करने के लिए प्रकाशक से लिखित अनुमति लेना अनिवार्य है।

एम.एस. प्रिंटर्स, दिल्ली-110 095 में मुद्रित

वाणी प्रकाशन का लोगो मक़बूल फ़िदा हुसेन की कूची से

पहला अंक

पहला दृश्य

[समय : वीरवार की रात।

नदी का रेतीला किनारा – जो कि पेड़ों से छाया हुआ है। ऊपर दाहिनी तरफ ऐक बड़ा-सा पेड़...

मंच सूखे पत्तों से अटा पड़ा है। मंच के ढके-ढके से और बिल्कुल शांत होने का अहसास होता है।...

मंच पर डूबते सूर्य की रोशनी...

पर्दा खाली मंच पर उठता है। एक चिड़िया का गाना। दूर से बाड़े के कुत्तों की यूँ ही भौंकने की आवाजें और साफ-साफ चहचहाहट पक्षी की। चहचहाहट खतरे की सूचना में बदल जाती है और पक्षियों के झुंड के पंख फड़फड़ाने की आवाज। दो लोग मंच पर आते नजर आते हैं। नाटा आदमी जग्गू, लोरी के आगे-आगे है। दोनों आदमी कंबल लादे हुए हैं। वे पानी के पास पहुँचते हैं। नाटा आदमी अपना सामान नीचे फेंकता है। मोटा आदमी भी वैसा ही करता है। फिर नीचे गिर कर सुड़-सुड़ करते हुए पानी पीने लगता है।]

जग्गू : (चिढ़ते हुए) लोरी, इतना ज्यादा मत पीओ (झुककर लोरी को झिंझोड़ते हुए) लोरी, लोरी, सुना नहीं? पिछली रात की तरह तुम फिर बीमार पड़ जाओगे।

लोरी : (हैट सहित गर्दन तक पानी में डूबा हुआ है। जैसे ही बाहर लाता है, उसके हैट से पानी चूता रहता है) अच्छा जग्गू, तुम भी पी लो थोड़ा सा।

जग्गू : (घुटनों के बल बैठ कर पानी में उँगली डुबोते हुए) पता नहीं कैसा है? मुझे तो सड़ा हुआ मालूम होता है।

लोरी : (उसकी नकल करता है, पानी में अपनी उँगली भी डुबोते हुए) जग्गू, पानी की इन लहरों को तो देखो। देखो तो सही मैंने क्या

कर दिया।

जग्गू : (अपनी ओक से पानी पीते हुए) लगता तो ठीक-ठाक है। पर बहता हुआ नहीं है। ठहरा हुआ पानी नहीं पीना चाहिए लोरी। (निराशा से) लेकिन तुम्हारा क्या, अगर प्यास लगे तो गंदे नाले का पानी पी जाओ। (पानी के छींटे मुँह पर डालता है और अपने हाथ से चेहरे को पोंछता है, अपने आपको पीछे की ओर धकेल कर घुटनों को समेट लेता है। लोरी लगातार उसे देखता रहता है और हर बात में उसकी नकल करता है। थकान और गुस्से के साथ जैसे-तैसे बोलना शुरू करता है।)

साला हरामी ! पता है अब तक बाड़े पहुँच गए होते। उस साले ड्राइवर को तो ये भी पता नहीं था कि वो बक क्या रहा है। "बस जरा-सी दूर" बोला, "कि इस पहाड़ी रास्ते से बस थोड़ी ही दूर"। "बस थोड़ी ही दूर..." ऊँह, पूरे चार मील। वो तो बाड़े तक जाना ही नहीं चाहता था। पता नहीं साले ने पौछार पर कैसे रोक दी बस (बड़बड़ाते हुए) जरा-सी दूर।

लोरी : (डरा-सा) जग्गू?

जग्गू : क्या है?

लोरी : हम जा कहाँ रहे हैं?

जग्गू : (अपना हैट गुस्से में फेंकते हुए) तो तुम भूल भी गए? मतलब मुझे अब दुबारा बताना पड़ेगा। तुम तो बिल्कुल पागल हो।

लोरी : (धीरे से) हाँ, भूल गया। मैंने पूरी कोशिश की कि न भूलूँ पर...

जग्गू : ठीक है–ठीक है। फिर से बताता हूँ। (व्यंग्य से) मुझे और काम भी क्या है? हर वक्त तुम्हें याद दिलाता रहूँ। जब तुम भूल जाओ तो तुम्हें फिर याद दिलाऊँ।

लोरी : (पिछली बात से ही आगे बढ़ते हुए) मैंने कोशिश तो की थी। खरगोशों की मुझे याद रहती है जग्गू।

जग्गू : भाड़ में जाएँ तुम्हारे खरगोश। तुम्हें तो खरगोशों के अलावा कुछ याद ही नहीं रहता। क्या तुम्हें उस गंदे नाले में बैठे रहने की याद है?

लोरी : (खुशी से) हाँ–हाँ, उसकी तो याद है मुझे... पर... तो हमने क्या किया था? मुझे याद है कि कुछ लड़कियाँ आई थीं और तुमने कहा था कि...

जग्गू : मैंने क्या कहा उसे गोली मारो। इतना तो तुम्हें याद है न कि हम

लोग उस कम्पनी में गए थे, उन्होंने हमें काम करने की चिट्ठी और बस के टिकट दिए थे?

लोरी : (विश्वासपूर्वक) हाँ, जग्गू, याद आ गया है। (**अपने कोट की जेब में हाथ डालता है कि उसका विश्वास खत्म हो जाता है। बहुत ही दीनता से**) जग्गू?

जग्गू : क्या?

लोरी : (**निराशा से जमीन पर देखते हुए**) मेरी चिट्ठी कहाँ है? खो गयी?

जग्गू : तुम्हारे पास थी ही कब। दोनों मेरे पास हैं... ये तुम क्या सोचते हो कि मैं तुम्हारे पास छोड़ देता?

लोरी : (**बहुत ही आराम के साथ**) मुझे ऐसा लगा कि मैंने अपनी जेब में रखी थी। (**फिर जेब में हाथ डाल देता है**)

जग्गू : (**उसे घूरते हुए लोरी जेब में से हाथ निकाल लेता है।**) जेब से क्या निकाला है?

लोरी : (**चालाकी से**) मेरी जेब में कुछ भी नहीं है।

जग्गू : मुझे पता है कुछ नहीं है। अब तो तुम्हारे हाथ में है। हाथ में क्या है?

लोरी : कुछ नहीं है जग्गू।

जग्गू : लाओ दो मुझे।

लोरी : (**अपनी बंद मुट्ठी जग्गू से परे हटाते हुए**) चूहा है।

जग्गू : चूहा? जिन्दा?

लोरी : नहीं–नहीं, मरा हुआ। (**चिन्ता से**) मैंने नहीं मारा। सच में मुझे तो पड़ा मिला था–मरा हुआ।

जग्गू : लाओ।

लोरी : इसे मेरे पास ही रहने दो।

जग्गू : (**सख्ती से**) इधर लाओ।

(**लोरी अनिच्छा से चूहा उसे दे देता है**) मरे हुए चूहे का तुम करोगे भी क्या?

लोरी : (**एक सुझाव-सा देते हुए**) जब हम लोग आ रहे थे, तो रास्ते में मैं इसे सहला रहा था।

जग्गू : ठीक है आइन्दा मेरे साथ चलते हुए कभी कोई चूहा मत सहलाना। अच्छा अब बताओ तुम्हें याद है कि हम कहाँ जा रहे हैं?

(जग्गू चूहे को पानी के पार झाड़ी में फेंक देता है)

लोरी : (चौंकता है, फिर खिसिया कर घुटनों में मुँह छिपा लेता है) मैं फिर भूल गया।

जग्गू : हे भगवान ! (तटस्थता से) अच्छा ठीक है। हम लोग एक ऐसे ही बाड़े पर काम करने जा रहे हैं, जैसे कि हम लोग वहाँ करते थे।

लोरी : वहाँ?

जग्गू : रामगढ़ में।

लोरी : अरे हाँ, वह तो मुझे याद है... रामगढ़ में।

जग्गू : (अतिरिक्त धैर्य के साथ) देखो, जहाँ हमें काम करना है वो बाड़ा यहाँ से करीब दो फर्लांग दूर है। हमें वहाँ जाकर मालिक से मिलना है।

लोरी : (पाठ की तरह दोहराता है) मालिक से मिलना है।

जग्गू : और देखो, मैं उसे चिट्ठी दूँगा, पर तुम कुछ मत बोलना। चुपचाप खड़े रहना। कुछ बोलना मत।

लोरी : कुछ बोलना मत।

जग्गू : अगर उसे हवा लग गयी कि तुम इस कदर पागल हो, फिर तो मिल चुकी नौकरी। पर अगर वह तुम्हें बोलने से पहले काम करता हुआ देख ले तो समझो कि हम जम गए। कुछ पल्ले पड़ा?

लोरी : पड़ गया, जग्गू ठीक है।

जग्गू : ठीक, जब हम मालिक से मिलने जाएँगे तो तुम क्या करोगे?

लोरी : (ध्यान से) मैं... मैं कुछ नहीं बोलूँगा... बस खड़ा रहूँगा।

जग्गू : (निश्चिंत होकर) शाबाश, अच्छा अब दो/तीन बार दोहरा लो ताकि तुम उसे भूल न जाओ।

लोरी : (धीरे से साँस के साथ-साथ) मुझे कुछ नहीं बोलना है – मुझे कुछ नहीं बोलना है।

(फुसफुसाहट में चला जाता है)

जग्गू : और न ही तुम कोई ऐसी गड़बड़ी करना जैसी तुमने रामगढ़ में की थी।

लोरी : (अचकचाते हुए) जैसी रामगढ़ में की थी?

जग्गू : अच्छा, तो तुम उसे भी भूल गए?

लोरी : (खुशी से) उन्होंने हमें भगा दिया था।

जग्गू : (घृणा से) भगा दिया था? हम लोग खुद भागे थे। वे लोग हमें ढूँढ़ते फिरे।

लोरी : (खुशी से) देखा, नहीं भूला।

जग्गू : **(रेत पर लेट जाता है, हाथ सर के नीचे रख लेता है। लोरी फिर उसकी नकल करता है)** ओ खुदा तुम तो अजब मुसीबत हो। अगर तुम मेरी पूँछ से बँधे न होते तो आराम से मैं अपनी जिन्दगी काटता।

लोरी : (आशा से) जग्गू, हमें बाड़े जाना है काम करने।

जग्गू : ठीक है, तुम्हें समझ तो आया। पर आज रात हम यहीं सोएँगे। मैं खुले में सोना चाहता हूँ।

(रोशनी तेजी से बदल रही है शाम में... ठंडी हवा चलती है और पत्तों का शोर पैदा करती है... दूर कहीं एक कुत्ता भौंकता है...)

लोरी : पर हम खाने के लिए बाड़े क्यों नहीं चलते?

जग्गू : वैसे ही। बस, मुझे यहीं अच्छा लग रहा है। कल चलेंगे। आज रात मैं यहीं लेटा ऊपर ताकता रहूँगा। आज न तो फलों की पेटियाँ होंगी न ही कोई मालिक। एक दिन तो हम जी भर के मस्ती कर लें। इससे बढ़िया घर क्या मिलेगा लोरी।

लोरी : **(घुटनों पर बैठ कर और जग्गू को ध्यान से देखते हुए)** हम खाना नहीं खाएँगे?

जग्गू : खाएँगे। तुम कुछ टहनियाँ इकट्ठी कर लो। मेरे पास चने और प्याज हैं। मैं उन्हें खोलता हूँ। तब तक तुम आग का जुगाड़ करो।

लोरी : (प्यार के साथ) चने मुझे मिर्च के साथ अच्छे लगते हैं।

जग्गू : पर हमारे पास मिर्च नहीं है। तुम लकड़ियाँ लेकर आओ। सुनो इधर-उधर मत जाना। अँधेरा होने वाला है।

(लोरी उठ खड़ा होता है और झाड़ियों में खो जाता है। जग्गू मटर के डिब्बे निकालता है, दो को खोलता है कि अचानक अपना सिर घुमा कर सुनता है। जिस तरफ लोरी गया है पानी की छप-छप की आवाज सुनाई देती है। जग्गू उधर देखता है। अपना सिर हिलाता है। लोरी हाथ में कुछ लकड़ियाँ लेकर आता है...)

जग्गू : हाँ, वह चूहा मुझे दो।

लोरी : **(अनजानेपन का अभिनय करते हुए)** क्या जग्गू, मेरे पास कोई चूहा नहीं है।

जग्गू : (**हाथ आगे बढ़ाते हुए**) चलो-चलो लाओ, उसे मुझे दे दो।

(लोरी हिचकिचाता है, पीछे हटता है, मुड़कर देखता है जैसे कि भागना चाहता हो...)

जग्गू : (**ठंडेपन से**) देते हो या मैं आऊँ?

लोरी : क्या दूँ?

जग्गू : तुम्हें अच्छी तरह मालूम है कि क्या? वह चूहा।

लोरी : (**लगभग रुआँसा**) मैं इसे क्यों नहीं रख सकता? यह किसी का नहीं है। मैंने इसे चुराया भी नहीं। मुझे तो सड़क के पास पड़ा मिला था। (**जग्गू उसकी उँगलियाँ खींचता है और लोरी चूहे को उसके हाथ में रख देता है**) मैं कुछ कर थोड़े ही रहा था। सहला रहा था बस। वह गलत थोड़े ही है।

जग्गू : (**उठ खड़ा होता है और चूहे को झाड़ी में जितनी दूर हो सके फेंक देता है। फिर पानी के पास आकर अपने हाथ धोता है**) उल्लू तुम्हें क्या लगा कि मुझे पता नहीं चलेगा? तुम्हें इतना भी ध्यान नहीं कि मैं तुम्हारे गीले पैर देख कर ही बता सकता था कि तुम उसे लेने पानी में गए थे, (**लोरी एक पिल्ले की तरह किंकियाता है**) बूढ़े हो गए पर कैसे बच्चे की तरह बिलबिला रहे हो।

(लोरी अपने-आपको रोकने की कोशिश करता है पर उसके होठ काँपते हैं और उसके चेहरे पर यह कोशिश साफ झलक जाती है। जग्गू लोरी के कंधे पर एक क्षण के लिए अपना हाथ रखता है।)

जग्गू : देखो लोरी, मैं कोई खुश नहीं हूँ। वो पानी में पड़े-पड़े सड़ गया था। यूँ ही नहीं छीन रहा हूँ उसे। तुम्हें कोई बढ़िया-सा चूहा मिले तो थोड़ी देर अपने पास रख लेना।

लोरी : अब दूसरा चूहा कहाँ से मिलेगा? एक औरत मुझे चूहे देती थी। पर वह औरत तो अब है ही नहीं।

जग्गू : औरत, उँह। लाओ वह लकड़ियाँ दो। तुम्हें इतना भी याद नहीं कि वह औरत कौन थी। वह तुम्हारी चाची थी। उसने तुम्हें देने इसलिए बंद कर दिए थे क्योंकि तुम हमेशा उन्हें मार देते थे।

लोरी : (**दुःख और अफसोस से**) वह तो इतने-इतने से होते थे। मैं उन्हें सहलाता और वह मेरी उँगलियाँ काटने लगते। फिर मैं उनके सिर को जरा-सा भींच देता और वह मर जाते। खरगोश इतने छोटे नहीं होते न?

जग्गू : भाड़ में जाएँ खरगोश। चलो, शुरू करो।

(रोशनी लुप्त हो चुकी है ताकि जब जग्गू आग जलाता है, वही मंच पर पड़ी मुख्य रोशनी हो... जग्गू मटर का खुला डिब्बा लोरी को देता है...)

जग्गू : यहाँ तो चार आदमियों का खाना है।

लोरी : **(आग के एक तरफ बैठकर धैर्य के साथ)** मुझे तो मिर्च के साथ अच्छे लगते हैं।

जग्गू : **(फट पड़ता है)** ठीक है, पर हमारे पास मिर्च-विर्च नहीं है। जो कुछ नहीं है, वही चाहिए। हे भगवान ! अगर मैं अकेला होता तो कितना मस्त रहता। मैं कहीं भी जाकर कोई काम ढूँढ़ लेता। कोई मुसीबत नहीं, कोई दंगा-फसाद नहीं। जब तनखा मिलती अपने रुपए लेकर शहर जाता और जो चाहता वो करता। जहाँ चाहता वहाँ रहता, जो चाहता वो खाता।

लोरी : **(धीरे से दृढ़तापूर्वक)** मुझे मिर्च नहीं चाहिए।

जग्गू : **(उसी गुस्से में)** मैं हर महीने ऐसा करता। खूब शराब पीता। **(लोरी घुटनों के बल उठकर आग के पार देखता है — डरा-सहमा सा)** पर, पर मुझे मिला क्या है? **(घृणा से)** मिले हो तुम। कोई नौकरी पूरी नहीं करते और मेरी हर नौकरी भी छुड़वा देते हो।

लोरी : **(डर से)** मेरा यह मतलब नहीं था जग्गू।

जग्गू : हर वक्त पूरी दुनिया में घुमाए रहते हो। खुद गलत काम करो और मैं तुम्हें बचाता फिरूँ। मुसीबतें गलत आदमियों के कारण इतनी नहीं आतीं जितनी कि तुम बहनचोद गूँगे-बहरों से आती हैं। **(चिल्लाता है)** तुम... कुत्ते के पिल्ले। तुम फँसाते हो मुझे आफत में। **(लोरी अपने हाथों से जग्गू के शब्दों की बौछार रोकने की कोशिश करता है। व्यंग्य से)** तुम उस लड़की के कपड़ों को बस सहलाना चाहते थे जैसे वह भी चूहा हो। पर उसे कैसे पता चलता कि तुम सिर्फ उसके कपड़े सहलाना चाहते थे?

लोरी : **(व्यग्रता से)** मुझे क्या पता था जग्गू?

जग्गू : हाँ-हाँ तुम्हें क्यों पता होगा? तुमने थोड़े ही चाहा होगा कि वह तूफान खड़ा कर दे और न ही यह चाहा होगा कि हम सारा दिन नाले में छिपे रहें और लोग बंदूकें लेकर हमें ढूँढ़ते फिरें? हर बार ऐसा ही कुछ होता है जो तुम नहीं चाहते। मेरा वश चलता तो लाखों

चूहों के साथ किसी पिंजड़े में छोड़ देता तुम्हें, उन्हें सहलाने को। **(जग्गू का गुस्सा अचानक गायब हो जाता है। पहली बार वह लोरी के चेहरे पर आए डर को देखता है। वह शर्म से आग की तरफ देखता है। चाकू की धार पर कुछ मटर टिकाकर अपने मुँह में रखता है।)**

लोरी : **(विराम के बाद)** जग्गू, **(जग्गू जानबूझकर जवाब नहीं देता)** जग्गू।

जग्गू : क्या चाहिए तुम्हें?

लोरी : मैं तो हँसी कर रहा था जग्गू। मुझे मिर्च नहीं चाहिए। मैं उसे खाऊँगा ही नहीं चाहे वह मेरे सामने पड़ी हो।

जग्गू : **(शर्म से)** अगर होती तो मैं तुम्हें भी देता।

लोरी : मुझे मिर्च नहीं खानी जग्गू। मैं तुम्हें दे देता खाने को।

जग्गू : **(शर्म से बाहर न आते हुए और लोरी को देखे बिना)** जब-जब भी मैं उस जिन्दगी के बारे में सोचता हूँ जो मैं तुमसे अलग होकर काट सकता था तो मेरा दिमाग खराब हो जाता है।

लोरी : तुम चाहते हो तो मैं चला जाऊँ?

जग्गू : कहाँ जाओगे?

लोरी : मैं—मैं वहाँ पहाड़ों में... किसी गुफा में।

जग्गू : खाओगे क्या? तुममें तो इतनी भी समझ नहीं कि अपने खाने के लिए कुछ जुटा लो।

लोरी : मैं जुटा लूँगा। मुझे खाना भी नहीं चाहिए। मैं धूप में पड़ा रहूँगा और कोई मुझे छेड़ेगा नहीं। और अगर मुझे एक चूहा मिल गया तो मैं अपने पास रख लेता। कोई भी उसे नहीं छीनता।

जग्गू : **(आखिरकार ऊपर देखता है)** मैं तुम्हें तंग करता हूँ?

लोरी : **(अपनी जीत पर जोर देते हुए)** अगर, तुम मुझे तंग करोगे तो मैं उन पहाड़ों में जाकर गुफाओं में छुप जाऊँगा।

जग्गू : देखो, मैं तो मजाक कर रहा था। मैं तो चाहता हूँ कि तुम मेरे साथ ही रहो। चूहे मैं इसलिए छीनता हूँ कि तुम हमेशा उन्हें मार डालते हो। अब तुम्हीं बताओ लोरी? मैं क्या करूँ? मैं तुम्हें एक पिल्ला ला दूँगा।...तुम उसे जोर से सहला भी सकते हो।

लोरी : **(अभी भी बचते हुए)** अगर मेरी जरूरत नहीं है तो बता दो, पहाड़ों में चला जाऊँगा और किसी को अपने चूहे छीनने नहीं दूँगा।

जग्गू : मैं चाहता हूँ कि तुम मेरे साथ ही रहो। कोई तुम्हें भेड़िया समझ

कर गोली न मार डाले।

लोरी : जग्गू।

जग्गू : क्या है?

लोरी : (चाल से) सुनाओ न... जैसे पहले किया करते थे।

जग्गू : क्या सुनाऊँ तुम्हें?

लोरी : खरगोशों की बात?

जग्गू : (फिर गुस्से में) क्यों?

लोरी : (याचना से) सुनाओ ने मुझे... जैसे पहले किया करते थे।

जग्गू : तुम्हें उसमें मजा आता है न? ठीक है सुनाता हूँ। उसके बाद खा-पीकर सो जाएँगे।

लोरी : सुनाओ जग्गू।

(अपना बिस्तर खोलता है और करवट लेकर लेट जाता है – कुहनी पर सिर टिकाए। जग्गू अपना बिस्तर खोलकर, चौकड़ी मार कर बैठ जाता है। जग्गू अगला संवाद एक सुर में दोहराता है, मानो वह इसे कई बार पहले भी बोल चुका हो)

जग्गू : बाड़ों में काम करने वाले हम जैसे लोग बहुत अकेले होते हैं। हमारा कोई घर नहीं होता न? न ही वे किसी एक जगह टिक सकते हैं। वे किसी बाड़े पर काम करके कुछ पैसा कमाते हैं और फिर किसी शहर में जाकर पूरा पैसा उड़ा डालते हैं। और इसके बाद फिर पहले की तरह ही किसी दूसरे बाड़े पर वे काम के इंतजार में बैठे होंगे। इसके अलावा वो और कुछ सोच ही नहीं सकते।

लोरी : **(खुशी से)** बिल्कुल ठीक। अपन भी?

जग्गू : **(अभी भी गाते हुए)** अपन के साथ ऐसा नहीं है।

लोरी : **(अब अपने को रोक नहीं पाता। बोलने लगता है)** अपन के साथ ऐसा नहीं... क्योंकि तुम मेरी देखभाल करते हो और मैं तुम्हारी और इसीलिए... **(हँस पड़ता है)**

लोरी : आगे सुनाओ जग्गू।

जग्गू : तुम्हें याद है तो तुम्हीं सुनाओ।

लोरी : नहीं, नहीं मैं भूल गया। बताओ न आगे क्या?

जग्गू : फिर किसी दिन।

लोरी : नहीं, आगे बताओ?

जग्गू : ठीक है, एक दिन हम सारा पैसा इकट्ठा करके एक छोटा सा घर

लेंगे, थोड़ी-सी जमीन, एक गाय और...

लोरी : **(चिल्लाते हुए)** और खेती करेंगे और खरगोश पालेंगे। सुनाते चलो, जग्गू। बताओ कि हम बाग में क्या उगाएँगे। और खरगोशों के बारे में... ठंड और बारिश के बारे में... अपनी मोटी मलाई के बारे में... बोलो जग्गू।

जग्गू : तुम खुद ही क्यों नहीं बताते... तुम्हें तो सब कुछ मालूम ही है।

लोरी : पर मैं तुम्हारी तरह नहीं बता सकता। बताओ न। फिर? मैं खरगोशों को कैसे प्यार करूँगा?

जग्गू : **(तटस्थ भाव से)** हाँ, हम सब्जियाँ उगाएँगे। खरगोश पालेंगे और मुर्गियाँ पालेंगे। और जब जाड़ों में बारिश होगी तो हम काम पर जाएँगे ही नहीं। हम लोग अँगीठी में आग जलाकर उसके पास बैठ जाएँगे और छत पर गिरती बारिश की आवाज को सुनेंगे... भाड़ में जाओ।

(चाकू से खाने लगता है, खाने पर टूट पड़ता है, लोरी उसकी नकल करता है। हर बार कुछ मटर उसके मुँह से बाहर गिर जाते हैं। जग्गू चाकू से इशारा करता है) कल जब मालिक तुमसे सवाल-जवाब करेगा तो तुम क्या कहोगे।

लोरी : **(खाते-खाते बीच में ही रुक जाता है। दर्द से निगलता है। चेहरे पर भाव बनते-बिगड़ते हैं)** मैं... मैं तो कुछ बोलूँगा ही नहीं।

जग्गू : शाबाश यही ठीक रहेगा। तुम्हें अक्ल आ रही है। अगर तुम्हें इतना भी याद रहे तो मैं तुम्हें खरगोशों को सहलाने दूँगा।

लोरी : **(गर्व से भरते हुए)** मैं याद रखूँगा।

जग्गू : **(जैसे कुछ याद करते... चाकू लोरी की छाती पर रखते हुए)** लोरी, तुम इस जगह को ठीक से देख लो। यह जगह याद रहेगी न तुम्हें? बाड़ा यहाँ से लगभग दो-तीन फर्लांग है। नदी के किनारे-किनारे यहाँ तक आ सकते हो।

लोरी : **(सतर्कतापूर्वक इधर-उधर देखते हुए)** क्यों नहीं, मुझे याद रहेगी यह जगह। कुछ भी न बोलने वाली बात मुझे याद नहीं थी?

जग्गू : हाँ याद थी। देखो लोरी, अगर तुम्हारे ऊपर कोई मुसीबत आ जाए तो तुम सीèk यहाँ आकर झाड़ी में छुप जाना।

लोरी : **(धीरे से)** झाड़ी में छुप जाना?

जग्गू : हाँ, जब तक मैं न आ जाऊँ। याद रहेगी यह बात?

लोरी : रहेगी जग्गू। तुम्हारे आने तक झाड़ी में छिपे रहूँ।

जग्गू : पर तुम अपने आपको किसी मुसीबत में डाल मत लेना। वरना तुम्हें खरगोश नहीं दूँगा।

लोरी : याद रखूँगा।

जग्गू : समझ गए? शाबाश।

(जग्गू कंबलों पर लेट जाता है। आग की रोशनी धीरे-धीरे बुझ जाती है। सिर्फ दो लोगों के चेहरे दिखाई देते हैं। जग्गू अभी भी मटर के डिब्बे में से खा रहा है।)

यहाँ सोने में बड़ा मजा आएगा। हम कितने आजाद महसूस करते हैं अपने-आपको, जब कोई नौकरी न हो और आप भूखे भी न हों।

(कुछ क्षण चुप रहते हैं... दूर से उल्लू की आवाज आती है... नदी पार से भेड़िए की हुंकार और साथ-साथ गाँव के कुत्तों का भौंकना...)

लोरी : **(लगभग अँधेरे में)** जग्गू?

जग्गू : क्या है?

लोरी : हम कई रंगों के खरगोश रखेंगे जग्गू।

जग्गू : अहाँ लाल, नीले, हरे खरगोश।

लोरी : गुदगुदे बालों वाले। जैसे हमने मेले में देखे थे।

जग्गू : ठीक है।

लोरी : वर्ना मैं गुफा में रहने चला जाऊँगा।

जग्गू : **(प्यार से)** चुप नहीं होगा?

लोरी : **(लम्बे विराम के बाद)** जग्गू?

जग्गू : अब क्या है?

लोरी : कुछ नहीं।

दूर से भेड़िया हुंकारता है...

म्यूजिक... टिक-टिक...

दूसरा दृश्य

[समय : शुक्रवार की सुबह।

कर्मचारियों के सोने की जगह का अंदरूनी हिस्सा। दीवारें सफेदी से पुती हुई। लकड़ी और गत्ते की। फर्श बिना किसी पेंट के...

एक भारी सी चौकोर मेज, जिसके चारों तरफ कुर्सियों की तरह से इस्तेमाल होने वाले बॉक्स रखे हुए हैं। हरेग तख्त के ऊपर दीवार में एक बक्सा गड़ा हुआ है, जो कि दो शेल्फों का सा काम करता है, जिस पर कर्मचारियों की अपनी चीजें पड़ी हुई हैं...

हरेक तख्त के ऊपर एक बड़ी-सी अलार्म घड़ी है, जो कि बजती रहती है...

खिड़कियों के रास्ते अंदर रोशनी जा रही है। ध्यान रहे... बक्सों में पड़ी चीजें हैं – साबुन, पाउडर, रेजर, पत्रिकाएँ, दवाई की शीशियाँ, कंघे और बक्से के दोनों तरफ कीलों पर कुछ नेकटाइयाँ लटकी हुई हैं...

मेज पर छत पर से एक बल्ब लटका हुआ है। पर्दा खाली मंच पर खुलता है। सिर्फ अलार्म घड़ियों की टिक-टिक सुनाई देती है...

खेमू, जग्गू, और लोरी बंक हाउस की खुली खिड़की के पीछे से गुजरते दिखाई देते हैं...]

खेमू : यहाँ सोने की जगह है।

(दरवाजे का पर्दा उठता है और खेमू अंदर आता है... झुके हुए कंधों वाला एक बूढ़ा आदमी। नीली जींस और डेनिम कोट पहने हुए है। बाएँ हाथ में एक लंबी झाड़ू है।... उसका दायाँ हाथ कलाई तक कटा हुआ है। वो चीजों को अपनी दाहिनी बाँह और बगल से पकड़ता है। कमरे में आता है। पीछे-पीछे जग्गू और लोरी हैं। बोलचाल के लहजे में...।)

मालिक रात से इंतजार में थे... जब उसे पता लगा... तुम सुबह तक काम पर जाने के लिए पहुँचे ही नहीं हो तो उसकी खोपड़ी भन्ना गई। (अपनी कटी बाँह से इशारा करते हुए) तुम उन दो तख्तों को ले लो।

जग्गू : मैं वो वाला लूँगा।

(वो बंक पर चढ़ जाता है और अपने कंबल फैला देता है और

खाली दराजों में नजर डाल कर एक पीले रंग का डिब्बा उठाता है)
ये क्या है?

खेमू : पता नहीं...

जग्गू : खटमल मारने की दवा? यहाँ कैसे सोएँगे? यहाँ तो साले खटमल खा जाएँगे।

खेमू : **(झाड़ू की जगह बदलता है... बगल में पकड़े हुए... बाएँ हाथ से डब्बा लेकर लेबल को ध्यान से पढ़ता है)** दरअसल इस तख्त पर पहले एक लोहार सोता था। बहुत बढ़िया बादमी में साफ-सुथरा। खाना खाने के बाद भी अपने हाथ धोया करता था।

जग्गू : **(बढ़े हुए गुस्से के साथ)** बेलबूटे...
(लोरी भी अपने बिस्तर पर अपना कंबल डालता है... बैठ जाता है... लगातार जग्गू को देख रहा है... मुँह खुला हुआ...)

खेमू : अब क्या बताऊँ... वो इस दवाई को छिड़कता रहता था... चाहे खटमल हों या न हों... अब क्या बताऊँ कि वो क्या करता था... एक-एक चीज ध्यान से खाना। जरा भी खराब या गंदी लगी तो खाना छोड़ कर उठ जाना। ऐसा आदमी था वो साफ-सुथरा। इतवार को भी तैयार होकर बैठे रहता चाहे उसे कहीं भी नहीं जाना हो तब भी और फिर...

जग्गू : **(संदेह से)** पर उसने काम छोड़ा क्यों...?

खेमू : **(डिब्बे को जेब में रख लेता है... दाढ़ी के सफेद बालों को रगड़ता है)** ऐसे ही... कहता था यहाँ का खाना माफिक नहीं आया बस... एक रात इतना बोला कि...
(जग्गू अपने बिस्तर को ऊपर उठाता है और नीचे रखी चीजों को गौर से देखता है... लोरी भी अपने बिस्तरे से ऐसा ही कुछ करता है...।)

जग्गू : खैर... अगर इस तख्त पर खटमल निकले तो फिर मुझसे बुरा कोई नहीं...
(अपने कंबलों को फैलाकर... अपना रेजर, साबुन की बट्टी, कंघा... गोलियों की शीशी... और अन्य साबुन बक्स में रखता है...)

खेमू : मालिक तुम लोगों का नाम लिखने आने ही वाला है... तुम्हें सुबह

यहाँ न देखकर वो गुस्से में था। जब हम लोग नाश्ता कर रहे थे तो सीधे अंदर घुस आया और बोला... वे नए आदमी कहाँ मर गए... उसने हीरा को भी फटकार डाला... वो भंगी...

जग्गू : भंगी?

खेमू : हाँ (चालू रहता है) अच्छा आदमी है। एक बार ऐसी चोट लगी उसके कि आज तक कमर में दर्द रहता है। बॉस जब गुस्से में होता है तो उसका जीना मुश्किल कर देता है। पर वो उसकी परवाह भी नहीं करता।

जग्गू : मालिक कैसा आदमी है?

खेमू : ठीक ही है। कभी-कभी सर फिर जाता है। पर है भला। अब क्या बताऊँ तुम्हें? मालूम है उसने होली पर क्या किया? कई सारी दारू की बोतलें लेकर यहाँ आया और बोला, ''पिओ, होली साल में एक बार ही आती है''।

जग्गू : अच्छा? वो ही मालिक है क्या?

खेमू : न-न सुपरिंटेंडेंट पूरे बाड़े का। हाँ भई, उस रात सीधा यहाँ चला आया और जोर-जोर से बोला, ''पियो, पीयो, फिक्र मत करो।''

(दरवाजा खुलता है। बॉस अंदर आता है। वह डील डौल वाला आदमी है। नीली जींस, फूलदार कमीज, काली खुली जैकेट और काला कोट पहने हुए है। वह मटियाले रंग का टॉप, ऊँची एड़ी वाले जूते पहने है। आमतौर पर अपने अँगूठों को पेटी में फँसाए रहता है। खेमू दरवाजे की तरफ जाते-जाते अपनी दाढ़ी को रगड़ता है...)

खेमू : ये लोग आ गए साब।

(खेमू चला जाता है और दरवाजा बंद कर जाता है...)

बॉस : उन्हें लिखा था कि आज सुबह से दो आदमी चाहिए तुम्हें काम का परमिट मिल गया?

जग्गू : **(जेब में हाथ डालकर दो पुर्जे बाहर निकालता है और बॉस को देता है)** ये रहे।

बॉस : (पढ़ते हुए) इसमें उस कम्पनी का क्या कसूर है? इसमें साफ-साफ लिखा है कि तुम लोगों को आज सुबह ही काम पर हाजिर होना था।

जग्गू : बस ड्राइवर ने हमारे साथ बदमाशी की। उसने हमें कहीं दूर उतार

दिया। हमें दस मील तो पैदल चलना पड़ा।

(जग्गू यूँ ही लोरी को घूरता है और लोरी अपना सिर हिलाता है मानो समझ गया हो...)

बॉस : खैर, अब तो अनाज ढोने वालों को मैं भेज चुका हूँ। रात के खाने से पहले जाने का कोई फायदा नहीं होगा। तुम लोग भटक जाओगे।

(अपनी नोटबुक निकालता है और जहाँ पेंसिल रखी है, वहीं से खोलता है। पेंसिल को चाटता है)

तुम्हारा नाम क्या है?

जग्गू : जग्गू।

बॉस : जग्गू (लिखते हुए) और तुम्हारा नाम?

जग्गू : उसका नाम है लोरी।

बॉस : लोरी (लिखते हुए) अच्छा तो आज बीस है। बीस की दोपहर। **(निशान लगाता है, डायरी बंद करके जेब में रख लेता है)** पहले कहाँ काम करते थे?

जग्गू : वहाँ ऊपर रामगढ़ में।

बॉस : (लोरी से) तुम भी?

जग्गू : हाँ, वह भी।

बॉस : (लोरी से) तुम तो काफी मजबूत हो?

जग्गू : वह काम भी खूब जम कर करता है।

बॉस : पर ये ज्यादा बातूनी नहीं लगता, ऐसा है क्या?

जग्गू : नहीं, वह नहीं है। पर वह बहत अच्छा काम करने वाला है। साँड की तरह।

लोरी : (मुस्कराते हुए) हूँ, साँड की तरह।

(जग्गू उसे घूरता है और लोरी अपनी भूल पर शर्म से सिर झुका लेता है...)

बॉस : (तेजी से) क्या कर सकते हो तुम?

जग्गू : वह कुछ भी कर सकता है।

बॉस : (लोरी से) क्या कर सकते हो तुम?

(लोरी जग्गू की तरफ देख कर अस्त-व्यस्त सा हो उठता है...)

जग्गू : (जल्दी से) जो कुछ भी आप उसे करने को कहें। वह अनाज के

बोरे ढो सकता है, हल चला सकता है। वह कुछ भी कर सकता है। एक बार आजमा के तो देखिए।

बॉस : (जग्गू की तरफ) पर तुम उसे क्यों नहीं बोलने देते?

(लोरी हँसता है...)

बॉस : यह हँस क्यों रहा है?

जग्गू : जब भी उसे काम करने का जोश आता है तो वह हँसने लगता है।

बॉस : क्या?

जग्गू : (जोर से) पर वह एक अच्छा काम करने वाला है। मैं यह नहीं कहता कि वह बहुत तेज है क्योंकि वह है ही नहीं। पर वह तीन-चार मन का गट्ठर भी उठा सकता है।

बॉस : (अपने अँगूठे पेटी में फँसाते हुए) कितने में सौदा कर रहे हो तुम?

जग्गू : क्या?

बॉस : इस आदमी से तुम्हें कितनी कटौती मिलेगी?

जग्गू : बिल्कुल नहीं?

बॉस : मैंने तो आज तक ऐसा आदमी नहीं देखा, जो दूसरे के लिए इतनी मुसीबत उठाए। सिर्फ इतना बता दो कि तुम्हारा हिस्सा कितना है?

जग्गू : वह मेरा चचेरा भाई है। मैंने उसकी माँ से वादा किया था कि मैं उसकी देखभाल करूँगा। जब ये छोटा था तो एक बैल ने उसके सिर में सींग मार दिया था। बस इसीलिए दिमाग तेज नहीं है। पर वह कर कुछ भी सकता है, जो भी आप उसे करने को कहें।

बॉस : (आधा घूमते हुए) खैर, बोरों को ढोने के लिए दिमाग नहीं चाहिए। (मुड़ता है) पहली नौकरी क्यों छोड़ी?

जग्गू : (एकदम से) काम पूरा हो गया था।

बॉस : क्या काम था?

जग्गू : हम लोग एक नाला खोद रहे थे?

बॉस : (विराम के बाद) ठीक है। पर मुझसे झूठ बोलने की कोशिश मत करना, वरना पछताओगे। मेरा पहले भी तुम जैसे लोगों से पाला पड़ चुका है। रात के खाने के बाद अनाज बटोरने वाले लोगों के साथ चले जाना। सुलेमान के यूनिट के साथ।

जग्गू : सुलेमान।

बॉस : हाँ।

(अब तक बॉस काम की बात करता रहा है। वह शांत और शंकालु रहा है। निम्नलिखित पंक्तियों में वह खुलता है पर धीरे-धीरे मानो वह बात तो करना चाहता है पर हमेशा अपने ओहदे के बोझ से दबा हुआ हो। वह दरवाजे की तरफ मुड़ता है। पर रुक जाता है और अपने लहजे में थोड़ी गर्माहट आने देता है...)

बॉस : काफी दिनों से बेकार हो?

जग्गू : **(साफ-साफ बचते हुए)** हम लोग तीन दिनों तक अल्मोड़ा में थे।

बॉस : लड़कियाँ ढूँढ़ रहे थे?

जग्गू : **(सख्ती से)** जी नहीं, हम लोग कोई काम ढूँढ़ रहे थे?

बॉस : **(दोस्ताना लहजे में)** काम तो वहाँ भी मिल सकता था तुम्हें।

जग्गू : **(ध्यान न देते हुए)** हमारे पास कोई सिफारिश नहीं थी।

बॉस : **(यह जानकर कि संवाद का कोई मतलब नहीं है, फिर अपने लहजे में ओहदे की वजह से सख्ती लाते हुए)** रात को खाने के बाद चले जाना। अगर मेहनत से काम करोगे तभी पैसे मिलेंगे, समझे? **(वह मुड़ता है और कमरे से बाहर हो जाता है...)**

जग्गू : **(लोरी से)** तुमको तो चुप रहना था न? अभी नौकरी गई होती हाथ से।

लोरी : **(अपने हाथों को निराशापूर्वक देखते हुए)** मैं भूल गया।

जग्गू : भूल गए। तुम तो हमेशा भूल जाते हो। अब वह हम पर नजर रखेगा। अब जरा ध्यान रखना कि आज के बाद ये थोबड़ा बंद ही रहे।

लोरी : वो अच्छा आदमी है जग्गू।

जग्गू : **(गुस्से से)** वह बॉस है बॉस। बॉस पहले और एक अच्छा आदमी बाद में। तुम्हें उससे मतलब क्या। तुम अपना काम करो और तनख्वाह लो। भगवान के लिए अपना मुँह बंद रखना। याद रहेगा?

लोरी : जग्गू?

जग्गू : क्या है?

लोरी : मेरे सिर में बैल ने सींग नहीं मारा जग्गू?

जग्गू : अगर तुम ठीक-ठाक रहो तो बहुत-सी मुसीबतों से बच सकते हो।

लोरी : **(खुश होते हुए)** मैं तुम्हारा चचेरा भाई हूँ?

जग्गू : हाँ-हाँ वह झूठ था। अगर मैं तुम्हारा रिश्तेदार होता तो... **(रुकता है, सुनता है, फिर सामने के दरवाजे पर जाकर बाहर**

देखता है)

जग्गू : तुम क्या बातें सुन रहे हो?

खेमू : **(धीरे से कमरे में आता है रस्सी से एक अंधे कुत्ते को खींचता है। रस्सी से ही मेज की टाँगों में घुसने से रोकता है। एक बक्स पर बैठ जाता है और कुत्ते की पूँछ को दबा देता है।)**

नहीं-नहीं, मैं सुन नहीं रहा, मैं तो अपने कुत्ते को खुजलाने के लिए यहाँ खड़ा हुआ था बस। अभी-अभी सफाई करके आया हूँ।

जग्गू : नहीं सुन रहे थे?

खेमू : **(जग्गू से लोरी और फिर वापस अस्थिर सा देखता है)** मैं तो अभी आया यहाँ। मैंने कोई बात नहीं सुनी। बाड़े पर काम करने वाला न तो कभी कुछ सुनता है और न ही कोई सवाल करता है।

जग्गू : **(थोड़ा-सा पिघलते हुए)** अच्छा ही करता है। **(उसका लहजा बदलता है)** यह तो बहुत ही बूढ़ा ही कुत्ता है।

खेमू : हाँ, मेरे पास तभी से है, जब यह पिल्ला था। जब वह छोटा था तो बहुत ही बढ़िया था।

(अपने गाल रगड़ता है) मालिक कैसा लगा तुम्हें?

जग्गू : अच्छा है।

खेमू : अच्छा आदमी है। उसके साथ ढंग से रहना बस। वह कोई गलत बात बर्दाश्त नहीं करता।

जग्गू : खाना कब खाएँगे हम लोग? साढ़े ग्यारह?

(बॉबी आता है, काम करने के कपड़ों में है। भूरे ऊँची एड़ी के जूते और बाएँ हाथ में दस्ताना पहने हुए है...)

बॉबी : मेरे बाप को तो नहीं देखा?

खेमू : एक मिनिट पहले यहीं थे, बॉबी। रसोई की तरफ गए होंगे।

बॉबी : अच्छा।

(नए आदमियों को देखते और तौलते हुए। अनजाने में अपनी कुहनी मोड़ता है और हाथ बंद कर लेता है और थोड़ा-सा झुकता है। एकदम लोरी के पास) तुम्हीं वो नए लोग हो?

जग्गू : हाँ।

बॉबी : पर आज सुबह तक तो तुम लोग यहाँ थे ही नहीं?

जग्गू : बस से कहीं गलत उतर गए थे।

बॉबी : (पुनः लोरी से) कभी वजन ढोया है?

जग्गू : (तेजी से) हाँ-हाँ, बहुत बार।

बॉबी : मैं उससे पूछ रहा हूँ (लोरी से) कभी ढोया है?

जग्गू : हाँ ढोया है उसने।

बॉबी : (चिढ़ कर) उसे खुद बताने दो।

जग्गू : अगर वह बात नहीं करना चाहे तो?

बॉबी : (सख्ती से) जब उससे कुछ पूछा जाए, उसे बताना ही पड़ेगा। तुम क्यों टाँग अड़ा रहे हो?

जग्गू : (खड़ा होता है और ठंडेपन से बोलता है) हम एक साथ काम करते हैं।

बॉबी : ओह तो यह बात है?

जग्गू : (स्थिर और तनाव सहित) क्या बात?

बॉबी : (विषय बदलते हुए) तो तुम उसे बोलने भी नहीं दोगे?

जग्गू : अगर वह बोलना चाहेगा तो बोलेगा।
(धीरे से लोरी को इशारा करता है)

लोरी : (डरा हुआ) हम अभी आए हैं।

बॉबी : ठीक है, अगली बार तुमसे कुछ पूछा जाए तभी जवाब देना।

जग्गू : उसने तुम्हारा क्या बिगाड़ा है?

बॉबी : (उसे तौलते हुए) ओह, तो तू लड़ना चाहता है?

जग्गू : अगर जरूरत पड़ी तो। (शांत)

बॉबी : (घूरता है फिर रुककर) बताऊँगा तुम्हें कभी।
(चला जाता है)

जग्गू : (उसके जाने के बाद) इतना फैल क्यों रहा था? लोरी ने तो उसे कुछ नहीं कहा था।

खेमू : (दरवाजे को देखते हुए) वह बॉस का लड़का है। बहुत ताकतवर है।

जग्गू : होगा, पर इसका मतलब यह नहीं कि वह लोरी को तंग करे। लोरी ने तो उसे कुछ नहीं कहा।

खेमू : (सोचते हुए) उसे हट्टे-कट्टे लोगों से नफरत है। इसीलिए हमेशा उनके साथ झगड़ा करता रहता है।

जग्गू : यह लोरी के बारे में गलतफहमी में न रहे। लोरी चाहे ताकतवर न हो, पर अगर वह लोरी से पंगा लेगा तो मर जाएगा।

खेमू : **(संदेह से)** खैर, बॉबी काफी ताकतवर है। पर मुझे तो यह सब अच्छा नहीं लगता। हर वक्त झगड़ा करने पर तुला रहता है।

जग्गू : **(दरवाजे की तरफ देखते हुए)** खैर, वह लोरी से सावधान रहे। वो लड़ता-वड़ता नहीं है पर है साँड। वह कोई नियम-वियम नहीं मानता।

(जग्गू चौकोर मेज तक जाता है और एक बक्से पर बैठ जाता है। बिखरे पत्तों को समेट कर उन्हें फेंटता है...)

खेमू : बॉबी को मत बता देना कि मैंने कुछ बताया है। वह मेरे पीछे पड़ जाएगा। वह सुनेगा ही नहीं। उसे तो कोई कुछ कहेगा ही नहीं क्योंकि मालिक का बेटा है।

जग्गू : **(पत्ते निकालता है। हर पत्ते को फेंकने से पहले देखता जाता है)** मुझे तो बदमाश लगता है।

खेमू : आजकल थोड़ा ज्यादा बिगड़ गया है। कुछ हफ्ते पहले ही उसने शादी की। बीवी यहीं रहती है। जब से शादी हुई है तब से तो और भी बिगड़ गया है। जरा-जरा सी बात पर किसी को भी मार बैठता है।

जग्गू : अपनी पत्नी पर रोब झाड़ रहा होगा। **(हाथ फैलाते हुए, लापरवाही से)** क्या उसकी बीवी बहुत सुंदर है?

खेमू : हाँ सुंदर तो है पर...

जग्गू : **(पत्तों को देखते हुए)** पर क्या?

खेमू : वह आँखें लड़ाती रहती है।

जग्गू : **(अकेले हाथ से खेलते हुए)** ओह, दो हफ्ते पहले तो शादी हुई है और आँख भी लड़ाने लगी।

खेमू : मैंने उसे सुलेमान से आँख लड़ाते हुए देखा है। वो बढ़िया आदमी है। अभी बॉबी को नहीं पता चला इसका। मैंने उसे कैलाश से भी आँख लड़ाते देखा है।

जग्गू : **(अपनी रुचि का बहाना करते)** फिर तो मजा आएगा।

खेमू : **(खड़ा होता है)** पता है मुझे क्या लगता है?

(जवाब का इंतजार करता है। जग्गू जवाब नहीं देता)

बॉबी ने किसी रंडी-वंडी से शादी की है।

जग्गू : **(लापरवाही से)** तो क्या हुआ? बहुत से लोग करते हैं।

खेमू : (दरवाजे की तरफ जाते, अपने कुत्ते को साथ लेते) मुझे बर्तन लगाने हैं। वो आने ही वाले होंगे। अनाज ढोने जाओगे न?

जग्गू : हाँ।

खेमू : बॉबी से कुछ मत कहना।

जग्गू : अच्छा।

खेमू : (जाते-जाते मुड़कर) अगर वो यहाँ आये तो तुम जरा देख कर बताना वो रंडी है या नहीं?

(चला जाता है)

जग्गू : (अकेला हाथ खेलते हुए) देखो लोरी, यहाँ कुछ ठीक-ठाक नहीं है। उस बॉबी के साथ कुछ न कुछ बखेड़ा होगा। ऐसे लोग मैंने देखे हैं। मौका मिलते ही वह तुमसे झगड़ा मोल लेगा।

लोरी : (डरा सा) मैं लड़ना नहीं चाहता।

जग्गू : मुझे तो ऐसे लोगों से घिन आती है। (सोचता है) अगर वह तुमसे भिड़ता है लोरी, तो हमीं मारे जाएँगे। वह मालिक का लड़का है। उससे दूर ही रहना। कभी बात मत करना उससे। अगर वह यहाँ आता भी है तो तुम दूसरी तरफ चले जाना। याद रहेगा?

लोरी : (दुःख से) मैं लड़ना नहीं चाहता।

जग्गू : इससे क्या होता है। अगर वो खुद ही लड़ने को तैयार बैठा हो तो, बस तुम मत झगड़ लेना। याद रहेगा न?

लोरी : अच्छा जग्गू३ मैं कुछ नहीं बोलूँगा।

(खेतों में काम करके आने वालों की आवाजें३ घंटियों, गाड़ियों की आवाजें, कोड़े की आवाज और दूर से आती एक पुकार३)

सुलेमान : हीरा, ओ हीरा।

जग्गू : लोग आ रहे हैं। कुछ बोलना मत।

लोरी : (डरते हुए) तुम गुस्सा तो नहीं हो जग्गू?

जग्गू : नहीं, मैं तो इस बॉबी पर नाराज हूँ। हम दोनों को मिलकर थोड़ा-सा पैसा इकट्ठा करना है। तुम उससे दूर ही रहना।

लोरी : मैं कुछ नहीं बोलूँगा।

जग्गू : (अचकचाते हुए) तुम अपनी तरफ से कुछ मत करना, पर फिर भी अगर वो तुम्हें तंग करेगा तो उसे पता चल जाएगा।

लोरी : क्या पता चल जाएगा, जग्गू?

जग्गू : कुछ नहीं। देखो अगर तुम किसी भी तरह की मुसीबत में पड़ गए तो तुम्हें याद है ना, मैंने तुम्हें क्या करने के लिए बोला था?

लोरी : तुम मुझे खरगोशों को नहीं दोगे।

जग्गू : तुम्हें याद है हम कल रात कहाँ सोए थे। नदी के किनारे?

लोरी : हाँ-हाँ मुझे याद है। मैं वहाँ जाऊँगा और झाड़ियों में छिप जाऊँगा जब तक तुम नहीं आते।

जग्गू : बिल्कुल ठीक। तब तक छिपे रहना जब तक मैं न आ जाऊँ। अब इसे एक बार कहकर दिखाओ।

लोरी : नदी के पास वाली झाड़ी में छिपे रहना।

जग्गू : अगर कोई मुसीबत आती है तो।

लोरी : अगर कोई मुसीबत आती है तो।

(बाहर ब्रेक लगने की आवाज और एक पुकार "हीरा, ओ हीरा कहाँ मर गया ये नीग्रो।" अचानक बॉबी की वाइफ दरवाजे पर खड़ी दिखाई देती है। भरे-पूरे होठ, बड़ी-बड़ी आँखें, नाखून लाल रंगे हुए और बाल छोटे-छोटे गुच्छों में बँधे हुए। वो सूती ड्रेस पहने हुए है जिसके ऊपर लाल शुतुर्मुर्ग के पंख छपे हुए हैं। जग्गू और लोरी उसे देखते हैं...)

बॉबी की बीवी : मैं बॉबी को ढूँढ़ रही हूँ।

जग्गू : **(उससे परे देखते हुए)** वो अभी यहीं था पर चला गया।

बॉबी की बीवी : **(अपने हाथ अपनी पीठ पर रखती है और दरवाजे पर ऐसे झुकी हुई है कि उसका शरीर आगे को झुका हुआ है)** तुम्हीं वो नए लोग हो ना जो आज ही आए हो?

जग्गू : **(अनिच्छा से)** हाँ।

बॉबी की बीवी : **(थोड़ा-सा सर झटकती हुई अपने नाखून देखती है)** वैसे बॉबी होता तो यहीं है।

जग्गू : **(तेजी से)** खैर, अब वह यहाँ नहीं है।

बॉबी की बीवी : **(मजाक करते हुए)** अच्छा ठीक है, फिर कहीं और देखे लेती हूँ।

जग्गू : **(मंत्रमुग्ध-सा उसे देखता है)** अगर मुझे बॉबी मिला तो बता दूँगा कि तुम उसे ढूँढ़ रही थीं।

बॉबी की बीवी : **(थकी-सी, अपने नखरे दूर फेंकती)** मैं तो बस किसी से बात करने के लिए ढूँढ़ रही हूँ। क्या तुम्हें कभी किसी से बात करने की इच्छा नहीं होती।

सुलेमान : **(नेपथ्य में)** ठीक है, उन तारों को बाँध दो।

बॉबी की बीवी : **(सुलेमान से)** सुलेमान।

सुलेमान : **(नेपथ्य से)** क्या है?

बॉबी की बीवी : मैं... मैं काफी देर से बॉबी को ढूँढ़ रही हूँ।

सुलेमान : **(नेपथ्य से)** तो तुम ठीक से नहीं ढूँढ़ रही हो। मैंने उसे अभी घर जाते देखा था।

बॉबी की बीवी : मुझे उसी से मिलना है। जा रही हूँ मैं। **(जल्दी से निकल जाती है)**

जग्गू : **(लोरी को देखते हुए)** उसने भी क्या चालू बीवी से शादी कर ली। पता नहीं क्या पोत रखा है ऊपर कि उसकी बू अब तक आ रही है। उसके आने का पता तो साली की इस बू से ही लग सकता है—देखने की कोई जरूरत ही नहीं है।

(हँसता है)

लोरी : अच्छी है।

जग्गू : हाँ, इसीलिए बॉबी का इधर-उधर भागना और बढ़ गया है।

लोरी : **(उसकी तरफ देखते हुए)** बहुत अच्छी है।

जग्गू : **(उसकी तरफ गुस्से से मुड़ते हुए)** अबे बेवकूफ, मेरी बात सुनो लोरी तुम उस कुतिया की तरफ देखना भी मत। मैंने पहले भी ऐसी औरतों को जहर घोलते देखा है। तुम तो उसके पास भी मत फटकना।

लोरी : मैंने तो कभी ऐसा नहीं किया जग्गू।

जग्गू : नहीं, कभी नहीं। पर जब वह वहाँ खड़ी थी तो तुम भी किसी दूसरी तरफ नहीं देख रहे थे।

लोरी : मेरा मतलब यह नहीं था जग्गू।

जग्गू : ठीक है, तुम उससे दूर ही रहो। तुम बॉबी को मजा भुगतने दो, उसने खुद ही तो अपने आपको फँसाया है। **(घृणा से)**

लोरी : **(चीख पड़ता है)** यहाँ से चलो जग्गू। यह अच्छी जगह नहीं है। बहुत खराब है।

जग्गू : सुनो—मुझे भी वैसी ही लगती है, जैसे तुम्हें लेकिन जब तक हम कुछ पैसा इकट्ठा न कर लें, हमें यहीं रहना है। पैसा तो हमें चाहिए ही।

(सोचते हुए मेज पर चला जाता है)

किसी तरह कुछ रुपए कमा लें तो फिर यहाँ से निकल लेंगे।

लोरी : (उत्सुकता से) चलो जग्गू, यहाँ से चलो। यहाँ अच्छा नहीं लग रहा।

जग्गू : (सीधे-सीधे) मैंने तुम्हें बताया न हमें कुछ दिन यहीं रहना है। हमें कुछ पैसे चाहिएँ।

(पानी के चलने और बर्तनों की खनखनाहट सुनाई देती है।)

चुप हो जाओ अब, लोग आ रहे होंगे।

सुलेमान : **(अंदर आता है, एक लंबा काला आदमी नीली जीन्स और डैनिम जैकेट पहने हुए है। एक टूटा-फूटा हैट अपनी बगल में दबाए हुए है और लंबे काले बालों को पीछे की तरफ कंघी किए हुए। उसके चलने और खड़े होने में एक शान है। कंघी करना बंद करता है। हैट को ठीक करता है और पहन लेता है। बहुत ही सभ्य आवाज में)** बाहर तो बहुत ही तेज धूप है। अंदर कुछ दिखाई ही नहीं देता। तुम ही नए लोग हो।

जग्गू : हाँ।

सुलेमान : जौ तोड़ने जा रहो हो?

जग्गू : बॉस ने ऐसा ही कहा है।

सुलेमान : शायद तुम लोगों को मेरे साथ आना पड़े।

जग्गू : बॉस ने कहा था कि हमें सुलेमान के साथ जाना है।

सुलेमान : मैं ही हूँ।

जग्गू : तुम?

सुलेमान : **(आत्मप्रशंसा में)** हूँ।

जग्गू : **(प्रभावित सा)**

सुलेमान : **(खुश होकर)**

जग्गू : **(चालू रहता है)** लोग कहते हैं, "बॉस तुम्हें बताएगा कि क्या करना है। पर अगर तुम पता करना चाहो कि कैसे करना है तो तुम्हें सुलेमान से ही पूछना पड़ेगा।"

सुलेमान : **(हँसते हुए)** तुम मेरी टीम के साथ निभा लोगे। मेरे साथ कुछ लोग तो ऐसे हैं जो बिल्कुल ही औंधे हैं। तुम लोगों ने कभी ये काम किया है?

जग्गू : हाँ-हाँ। यह आदमी अकेला उतना अनाज ढो सकता है जितना कि दो मिलकर भी न उठा सकें।

सुलेमान : **(जग्गू को पसंद सा करते)** तुम लोग एक साथ ही चलते हो।

जग्गू : बिल्कुल, हम एक—दूसरे की देखभाल करते हैं।

(लोरी को दिखाते हुए) उसका दिमाग तेज नहीं है पर बहुत ही जबर्दस्त काम करने वाला है। बहुत ही अच्छा आदमी भी है।

सुलेमान : आजकल लोग साथ-साथ रहा तो नहीं करते, खैर... पता नहीं क्यों इस दुनिया में आदमी एक-दूसरे से डरा हुआ है।

जग्गू : ऐसे आदमी के साथ रहना अच्छा है जिसे आप जानते हैं। मेरा तो लोरी के सिवाय कोई नहीं है।

(कैलाश आता है। बढ़ा पेट। मजबूत आदमी। उसके सर से पानी चू रहा है...)

कैलाश : तुम आ गए?

(जग्गू और लोरी को देखता है)

सुलेमान : ये लोग अभी आये हैं।

कैलाश : मेरा नाम कैलाश है।

जग्गू : मैं जग्गू। ये है लोरी।

कैलाश : मिलकर खुशी हुई।

(अपने मजाक पर खुद हँस पड़ता है)

तुम्हारी कुतिया कैसी है, सुलेमान? मैंने देखा कि आज सुबह तुम्हारी गाड़ी के नीचे नहीं थी।

सुलेमान : कल रात उसने पिल्ले दिए थे—नौ पिल्ले। चार को तो मैंने उसी वक्त डुबो दिया। वह इतने पिल्लों को नहीं पाल सकती थी।

कैलाश : पाँच अभी भी बच गए?

सुलेमान : हाँ, पाँच।

कैलाश : **(हैट उतारता है और अपना सर खुजाता है)** पाँच पिल्ले, क्या तुम सभी अपने पास रखोगे?

सुलेमान : मुझे नहीं पता। कुछ दिन तो रखूँगा ही ताकि कुछ दिन तो अपनी माँ का दूध पी सकें।

कैलाश : (सोचते हुए) सुलेमान, मैं कुछ सोच रहा हूँ। खेमू का कुत्ता इतना बूढ़ा हो गया है कि चल भी नहीं पाता। बदबू मारता है। जब भी खेमू उसे यहाँ लेकर आता है तो दो-तीन दिन तक उसकी बदबू आती रहती है। क्यों नहीं ऐसा करें कि उस कुत्ते को मार कर इन पिल्लों में से किसी एक को लेकर पाल लें। मुझे तो उस कुत्ते का

एक मील से ही पता चल जाता है। दाँत तक तो हैं नहीं। कुछ खा-पी भी नहीं सकता ढंग से। खेमू रस्सी से बाँधे फिरता है ताकि वह चीजों से न जा टकराए।

(बाहर सायरन जोर से बजने लगता है। कुछ क्षणों तक और फिर अचानक रुक जाता है।...)

(बज गई घंटी।)

(कुछ आवाजें, क्योंकि लोग गुजर जाते हैं...)

सुलेमान : **(लोरी और जग्गू से)** तुम लोग भी आ जाओ ताकि कुछ खाने को मिल जाए। वरना कुछ भी नहीं बचेगा।

(सुलेमान और कैलाश निकल जाते हैं। लोरी जग्गू को देखता है—उत्सुकता से...)

लोरी : जग्गू।

जग्गू : **(अपने पत्ते एक ढेर में रखते हुए)** हाँ-हाँ, मैंने सुन लिया है—मैं पूछूँगा उससे।

लोरी : **(उत्तेजित सा)** एकभूरा और एक सफेद।

जग्गू : चलो, पहले खाना खा लो। क्या पता उसके पास भूरा और सफेद है भी या नहीं?

लोरी : अभी पूछ लेना जग्गू वरना वह उन्हें मार देगा।

(दरवाजे की तरफ बढ़ते हैं)

बॉबी : **(गुस्से में अंदर घुसता है)** क्या तुमने किसी लड़की को इधर देखा?

जग्गू : **(ठंडेपन से)** करीब आधा घंटा पहले।

बॉबी : वह कर क्या रही थी?

जग्गू : **(अवहेलना करते)** तुम्हें ढूँढ़ रही थी।

बॉबी : **(दोनों आदमियों को एक क्षण अपनी नजरों से तौलता है)** किधर गई?

जग्गू : पता नहीं। मैं लड़कियों के चक्कर में नहीं पड़ता।

(बॉबी उसे एक क्षण घूर कर देखता है और दरवाजे से बाहर निकल जाता है)

तुम्हें मालूम है लोरी, मुझे डर है कि कहीं मैं खुद ही उस हरामजादे से न भिड़ जाऊँ। मुझे देखकर ही खुन्दक आती है। चलो वरना कुछ भी खाने को नहीं बचेगा।

लोरी : जग्गू तुम माँग लोगे?

वे लोग बाहर निकल जाते हैं...

पर्दा गिरता है...

दूसरा अंक

पहला दृश्य

[समय : शुक्रवार की शाम – साढ़े सात बजे।

सुलेमान और जग्गू एक साथ बंक हाउस में आते हैं। सुलेमान पहुँचकर बिजली की बत्ती जला देता है। मेज के पास एक बक्से पर बैठ जाता है। जग्गू उसके सामने बैठ जाता है...]

सुलेमान : अरे, इसमें क्या हुआ। मैं तो यूँ भी उनमें से बहुतों को मार देता। इसके लिए मुझे शुक्रिया अदा करने की जरूरत नहीं।

जग्गू : तुम्हारे लिए भले ही कुछ भी न हो। पर उसके लिए तो है। ओ खुदा, पता नहीं हम उसे यहाँ कैसे सुला पाएँगे। हमें तो बाहर ही सोना पड़ेगा। उसे पिल्लों से दूर रखना बड़ा मुश्किल है।

सुलेमान : तुमने उसके बारे में ठीक ही कहा था। दिमाग का तेज भले ही न हो, पर मैंने ऐसा काम करने वाला नहीं देखा। उसने तो अपने साथ के जौ तोड़ने वाले को मार ही दिया होता। वह बोरे को कोने से पकड़कर अपने साथी को मार ही बैठता। ओ खुदा, मैंने तो इतना मजबूत आदमी नहीं देखा।

जग्गू : (गर्व से) तुम इस लोरी से कुछ भी करने को कहो बस, वह कर डालेगा। मगर हिसाब-किताब का काम न हो।

(बाहर खेल का शोर चलता रहता है – "अबे कुत्ते, अगर मैं एक खेल जीत गया तो मैं नहीं। तुम सोचते हो कि वे जूते"...)

सुलेमान : तुम दोनों एक साथ–अजीब लगता है।

जग्गू : अजीब क्यों?

सुलेमान : पता नहीं। दो लोग कभी एक साथ रह नहीं पाते। तुम्हें मालूम है

कि साथ क्या होता है। यहाँ तो लोग वे आते हैं, अपना बिस्तर लेते हैं, एक महीना काम करते हैं और फिर छोड़कर अकेले ही चल देते हैं। कभी किसी के बारे में सोचते ही नहीं। बस, यही अजीब लगता है कि उस जैसा पागल—कोमल जैसा वह और तुम जैसा चालाक आदमी एक साथ कैसे रहते हो।

जग्गू : मैं भी उतना चालाक नहीं हूँ। वरना तो मैं अपनी रोजी-रोटी के लिए ये काम कर रहा होता। अगर मैं तेज होता, थोड़ा-सा और चालाक होता तो मेरे पास मेरी अपनी जमीन होती और मैं अपनी खेती करता—बजाय इसके कि सारा काम भी करूँ और फिर भी वह कुछ न मिले जो जमीन में से पैदा होता है।

(एक क्षण को चुप हो जाता है)

जग्गू : हम दोनों का साथ रहना भी अजीब नहीं है। हम दोनों एक जगह पैदा हुए थे। मैं उसकी चाची को जानता था। जब वह बच्चा ही थातो चाची ने उसे गोद ले लिया और उसे पाला-पोसा। जब उसकी चाची मर गई तो लोरी काम करने के चक्कर में बस मेरे साथ चला आया। कुछ दिनों के बाद हम दोनों को एक-दूसरे की आदत पड़ गई।

सुलेमान : उँह।

जग्गू : पहले तो मैं उसका बहुत मजाक उड़ाया करता। इसलिए उड़ाता क्योंकि वह इतना पागल था कि अपना ध्यान भी नहीं रख सकता था। पर उसे तो इसकी समझ भी नहीं थी कि उसका मजाक उड़ाया जा रहा है। **(व्यंग्य से)** हाँ-हाँ, मुझे मजा आता था। मैं खुद को... समझता था।

सुलेमान : हाँ-हाँ, होता है ऐसा।

जग्गू : इतना ही क्यों, वह तो कुछ भी कर डालता जो भी मैं उसे कहता। मैं उसे उट-पटाँग जगहों पर चढ़ने को कहता और वह चढ़ जाता। पर कुछ दिनों के बाद इसमें भी कोई मजा नहीं रहा। मैंने उसे ना जाने कितना तंग किया है जब कि वो चाहता तो मेरा कचूमर निकाल देता। पर उसने कभी भी मुझ पर हाथ नहीं उठाया।

सुलेमान : **(चाबुक को फटकारते हुए)** तुमने उसे इतना तंग किया तो भी नहीं?

जग्गू : ना, कसम से। मैंने उसके साथ मजाक करना क्यूँ छोड़ दिया इसकी भी एक वजह है। एक दिन व्यास नदी के किनारे कुछ लोग खड़े

थे। मुझे कुछ मजा सा आया और मैंने लोरी से कहा, ''देखते क्या हो, कूद जाओ।''

सुलेमान : फिर?

जग्गू : वो कूद गया। तैरना जानता ही नहीं था तो डूबते-डूबते बचा। इस पर भी तो मेरा अहसान मानता है कि मैंने उसे बाहर निकाला। वो ये भूल गया कि मैंने ही उसे कूदने के लिए कहा था। खैर इसके बाद मैंने कभी भी कोई ऐसी बात नहीं की। अब तो मुझे उस बात को याद करना भी बुरा लगता है।

सुलेमान : वो अच्छा आदमी है। अच्छा आदमी होने के लिए कोई समझदारी की जरूरत नहीं। जबकि अधिकतर इसका उल्टा ही होता है। किसी सचमुच के स्मार्ट आदमी को ही लो। वो शायद ही अच्छा आदमी साबित हो। समझदार आदमी ज्यादा बदमाश होता है।

जग्गू : **(बिखरे पत्तों को समेटते और खेल के लिए तैयार होते हुए)** मैं तो ज्यादा लोगों को जानता ही नहीं। मैंने तो ऐसे लोग देखे हैं जो अकेले ही काम करते हैं। इसमें कोई मजा नहीं है और कुछ दिनों के बाद वे मतलबी हो जाते हैं।

सुलेमान : (शांति से) हाँ, देखे हैं ऐसे लोग। उनका अपना तरीका होता है। एक कमरे में रहते हुए भी उनकी अपनी जिन्दगी होती है। बात होती है तो सिर्फ इतनी कि वो कहाँ से आए हैं और कहाँ जाएँगे।

जग्गू : इसमें कोई शक नहीं कि लोरी के साथ ज्यादातर परेशानी ही खड़ी होती है। पर आपको ऐसे आदमी के साथ रहना सीखना पड़ता है और आप उससे छुटकारा भी नहीं पा सकते। मेरा मतलब है कि आपको उसकी आदत पड़ जाती है और आप इस आदत से छुटकारा नहीं पा सकते।

सुलेमान : क्या तुम उससे छुटकारा पाना चाहते हो?

जग्गू : पीछा कैसे छुड़ा सकता हूँ। हर बार किसी न किसी मुसीबत में फँस जाता है क्योंकि वो इतना पागल है। अब यही देखो कि भीड़ में क्या हुआ। **(वो रुक जाता है, अपनी ही बात पर चिंतित)** तुम किसी को बताओगे तो नहीं?

सुलेमान : (शांति से) उसने क्या किया?

जग्गू : बताओगे तो नहीं? नहीं, तुम नहीं बताओगे।

सुलेमान : किया क्या था?

जग्गू : उसने एक लड़की को लाल कपड़ों में देख लिया। तुम किसी को बताओगे तो नहीं? नहीं तुम नहीं बताओगे। उसने एक लड़की को लाल कपड़ों में देख लिया। वो इतना बेवकूफ तो है ही कि ऐसी हर उस चीज को छूना चाहता है जिसे वो पसन्द करे। बस पहुँच गया उस लाल कपड़े को सहलाने। लड़की ने चीख मारी। लोरी की कुछ समझ में नहीं आया कि गलती क्या हो गई। जब कुछ समझ नहीं आया तो लोरी ने उसे पकड़ लिया।

सुलेमान : अरे?

जग्गू : जब मैंने लोरी के सिर पर... मारी तब कहीं जाकर छोड़ा।

सुलेमान : फिर?

जग्गू : **(अपने खेल को तैयार करते हुए)** फिर क्या? वो भाग गयी और शोर मचाने लगी कि वो उसकी इज्जत लेना चाहता था। सारे लोग लोरी को खोजने लगे। सारा दिन एक नाले में बैठे रहे हम। रात को वहाँ से भागे।

सुलेमान : लड़की को तो कुछ नहीं किया?

जग्गू : नहीं, बस उसे डरा भर दिया था।

सुलेमान : बड़ा अजीब आदमी है।

जग्गू : अजीब ! एक बार तो पता है उसने क्या किया? सड़क पर जा रहा था **(लोरी दरवाजे से आता है। कोट को कंधों पर डाले हुए थोड़ा कुबड़ा कर चलता है)** ओह लोरी तुम्हें अपना पिल्ला कैस लगा?

लोरी : **(निःश्वास सा)** अच्छा।

(अपने बिस्तर पर जाकर लेट जाता है मुँह दीवार की तरफ, घुटने मुड़े हुए)

जग्गू : **(अपने पत्ते जानबूझकर फेंक देता है)** लोरी?

लोरी : ऊँह, क्या है जग्गू?

जग्गू : **(जग्गू सख्ती से)** मैंने तुम्हें पिल्ले को यहाँ लाने से मना किया था।

लोरी : कैसा। मेरे पास पिल्ला नहीं है जग्गू।

(जग्गू तेजी से उसके पास जाता है, कंधे से उसे पकड़ता है और उसे उल्टा देता है। वो एक छोटा-सा पिल्ला उठा लेता है जिसे लोरी अपने पेट के पास छुपाये हुए था)

लोरी : (तेजी से) मुझे दे दो जग्गू।

जग्गू : अभी आजो और इसे वहीं छोड़ कर आओ उसकी माँ के पास। तुम उसे मारना चाहते हो? कल रात पैदा हुआ है और तुम उसे यहाँ ले आये। वापस ले जाओ नहीं तो मैं सुलेमान से कह दूँगा कि वो पिल्ला न दे।

लोरी : **(याचनापूर्वक)** मुझे दे दो जग्गू, मैं वापस ले जाऊँगा। मेरा कोई बुरा इरादा नहीं था जग्गू। बस उसे थोड़ा-सा सहलाना चाहता था।

जग्गू : **(पिल्ला उसे देते हुए)** ठीक है, तुम उसे वहीं वापस पहुँचा दो और कभी भी बाहर मत लाना।

(लोरी कमरे से बाहर निकल जाता है)

सुलेमान : हे भगवान ये तो बिल्कुल बच्चा है।

जग्गू : बच्चा ही है सिवाय इसके कि वो बहुत मजबूत है। मैं शर्त लगा सकता हूँ कि वो आज रात यहाँ सोने नहीं आएगा। नांद में उस बक्से के साथ ही सोएगा। खैर, वो किसी को कोई नुकसान तो नहीं पहुँचा रहा।

(बाहर प्रकाश धूमिल हो गया है। और काफी अँधेरा दिखाई देता है। खेमू अपने कुत्ते को एक रस्से से पकड़े आता है)

खेमू : क्या तुम दोनों में से कोई भी नहीं खेलता।

सुलेमान : मुझे हर रोज खेलना अच्छा नहीं लगता।

खेमू : **(अपने बिस्तर पर जाकर बैठ जाता है और बूढ़े, अंधे कुत्ते को भी पास ही बिठा लेता है)** किसी के पास व्हिस्की है? मेरे पेट में दर्द हो रहा है।

सुलेमान : नहीं, अगर होती तो मैं पी जाता और मेरे मेट में दर्द भी नहीं है।

खेमू : क्या करूँ, बंद गोभी खाने से हो गया है।

(कैलाश और बाबू अंदर आते हैं)

सुलेमान : वो बहुत अच्छा आदमी है।

बाबू : वो तो है ही।

कैलाश : हाँ, वो किसी और को तो जीतने का मौका ही नहीं देता। **(रुक जाता है और हवा में छींकता है। इधर-उधर देखता है फिर खेमू के कुत्ते पर नजर पड़ती है)** इस कुत्ते में से बदबू आ रही है खेमू। उसे यहाँ से बाहर निकालो खेमू। बूढ़े कुत्तों में से जितनी बदबू आती है उतनी और कहीं नहीं।

खेमू : **(अपने बिस्तर पर लेटते हुए और कुत्ते को थपथपाते हुए बोलता**

है) मैं तो उसके साथ इतना रहा हूँ कि अब मुझे उसमें से बदबू भी नहीं आती है।

कैलाश : हाँ, हमारी ही नाक सड़ गई होगी। उसके जाने के बाद भी बदबू आती है।

(कुत्ते के पास जाकर खड़ा हो जाता है)

अरे इसके तो दाँत तक नहीं खेमू, तुम उसे मार क्यों नहीं देते।

खेमू : **(चिंतित होकर)** वो मेरे साथ कितने दिनों से है—जब वो पिल्ला था तभी से मेरे साथ है। **(गर्व से)** चाहे तुम्हें अच्छा न लगे पर मैंने तो ऐसा बढ़िया कुत्ता नहीं देखा।

कैलाश : **(अपनी बात पर जोर देते हुए)** देखो खेमू ये बूढ़ा कुत्ता खुद हर वक्त तकलीफ में रहता है। अगर तुम उसे यहाँ गोली मार देते, सीधे सर के पीछे **(झुककर दिखाता है)** तो उसे तो पता भी नहीं चलेगा कि उसे किसने मारा।

खेमू : **(नाराज होता हुआ।)** नहीं-नहीं, वो मैं ऐसा नहीं कर सकता।

कैलाश : **(जोर देते हुए)** पर अब तो उसमें से बदबू आने लगी है। बताऊँ तुम्हें मैं क्या करूँगा? मैं उसे गोली मार दूँगा और तुम पर कोई इल्जाम नहीं आएगा।

खेमू : **(बिस्तर पर उठकर बैठ जाता है और अपनी दाढ़ी को रगड़ता है और सहजता से बोलता है)** जब वो पिल्ला था तभी से मेरे पास है।

बाबू : रहने दो कैलाश। वो उसके बिना नहीं रह सकता। अपना-अपना कुत्ता हरेक को अच्छा लगता है। सवाल ये नहीं है कि कौन-सा कुत्ता किसका है। सवाल ये है कि कौन अपने कुत्ते को कितना प्यार करता है। मेरे पास भीएक घटिया-सा देसी कुत्ता था पर वो मुझे एलसेशन से भी ज्यादा अच्छा लगता था।

कैलाश : **(फुसलाते हुए)** वो तो है, पर इस बूढ़े कुत्ते को रखने से क्या फायदा। सुनो सुलेमान की कुतिया ने काफी पिल्ले दिए हैं। तुम उनमें से एक ले लो।

सुलेमान : **(कुत्ते को देखते हुए)** हाँ-हाँ अगर तुम चाहो तो एक ले लो।

खेमू : **(असहाय-सा) (एक क्षण के बाद निश्चित स्वर में)** और मुझे उसकी देखभाल करना बुरा नहीं लगता।

कैलाश : मैं उसे जैसे ही गोली मारूँगा उसे कुछ पता भी नहीं चलेगा। मैं

बंदूक सीधे वहाँ रखूँगा **(अपने पैर से इशारा करता है)** सीधे सर के पीछे।

बाबू : ओह, उसे छोड़ दो कैलाश।

कैलाश : क्यों, उसे पता भी नहीं चलेगा।

बाबू : उसे छोड़ दो। **(एक पत्रिका दिखाता है)** तुमने देखा? इस किताब को पढ़ा तुमने?

कैलाश : क्या?

बाबू : इसी में है पढ़ लो।

कैलाश : मैं पढ़ना नहीं चाहता। सिर्फ एक मिनट लगेगा। खेमू आ जाओ।

बाबू : तुमने इसे पढ़ा, सुलेमान? लो पढ़ो इसे। जोर से पढ़ो इसे।

सुलेमान : यह है क्या?

बाबू : पढ़ो तो।

सुलेमान : **(धीरे से पढ़ता है) (सोचते हुए)** नाटा-सा आदमी? हल...

बाबू : वही ये आदमी है।

कैलाश : **(इस बातचीत में हिस्सा नहीं लेता)** देखो खेमू, अगर तुम चाहो तो मैं इस मुसीबत से छुटकारा दिला दूँ। क्या जिन्दगी है इसकी। न खा सकता है, न देख सकता है और न चल सकता है। कल तुम सुलेमान के पिल्लों में से एक ले लेना।

सुलेमान : हाँ-हाँ, मेरे पास बहुत से हैं।

खेमू : **(आशा से)** तुम्हारे पास बंदूक तो है नहीं।

कैलाश : हाँ नहीं है। मेरे पास एक कट्टा है। इससे उसे कोई तकलीफ नहीं होगी।

खेमू : आज नहीं कल तक देखते हैं।

कैलाश : कल क्या? जब मारना है तो अभी चलते हैं।

(अपने बिस्तर तक जाता है, नीचे से एक बैग निकालता है और कट्टा बाहर निकालता है) कम से कम ठीक से सो तो पाएँगे। **(वह पिस्तौल में गोली डालता है, उसे ठीक से सैट करके अपनी पिछली जेब में डाल लेता है)**

सुलेमान : **(जैसे ही खेमू सहायता के लिए उसकी तरफ देखता है)**

खेमू अच्छा ही है कि वह चला ही जाए। वह मरकर इस जिंदगी से छुट्टी पाए।

खेमू : **(हर आदमी को आशा की निगाहों से देखता है। बाबू थोड़ा सा**

विरोध करता है और फिर तटस्थ हो जाता है। दूसरे जिम्केदारी से बचने के लिए परे देखते हैं। आखिर बहुत ही निराशाजनक स्वर में)

ठीक है, ले जाओ। (वह कुत्ते को देखता भी नहीं। बिस्तर पर लेट जाता है, अपनी बाँहें अपने सिर के नीचे टिकाए छत की तरफ ताकता रहता है। कैलाश रस्सी उठाकर कुत्ते को उठने में मदद करता है।)

कैलाश : चलो-चलो (खेमू को अफसोस के साथ) उसे पता भी नहीं चलेगा। (खेमू कोई जवाब नहीं देता) चलो-चलो वह रहा खाना। चलो चलो। (वह कुत्ते को दरवाजे की तरफ ले चलता है)

सुलेमान : कैलाश।

कैलाश : हाँ।

सुलेमान : (झटके से) फावड़ा ले जाना।

कैलाश : हाँ, मैं समझ गया।

(कैलाश कुत्ते के साथ बाहर निकल जाता है। जग्गू दरवाजे तक जाता है, धीरे से बंद करके लैच लगा देता है। खेमू अपने बिस्तर पर ही स्थिर रहता है। काला दृश्य खामोशी और तेजी से बोले ज़ाने वाले संवादों का है...)

सुलेमान : (जोर से) मेरे एक खच्चर का खुर ठीक नहीं है। उस पर कुछ लगाना पड़ेगा।

(खामोशी)

जग्गू : (जोर से) कोई खेलेगा?

बाबू : चलो, बाँटो। (मेजों पर एक-दूसरे के सामने बैठ जाते हैं पर जग्गू पत्तों को फेंटना नहीं। वह ताश के डिब्बे को तोड़-मरोड़ देता है। हरेक उसे देखता है। वह रुक जाता है।)

(पुनः खामोशी)

सुलेमान : (दर्द से) तुम मेरे पिल्लों में से कोई ले लो।

(खेमू जवाब नहीं देता। मंच पर दाँत किटकिटाने की आवाज आती है।)

जग्गू : लगता है कि चूहा है। हमें यहाँ एक पिंजरा रखना चाहिए। (फिर गहरी खामोशी, सभी दिखते हैं)

बाबू : (थका-सा) उसे इतनी देर क्यों लग रही है? पत्ते बाँटो।

(जग्गू पत्तों के पीछे पढ़ता है। लम्बी खामोशी के बाद दूर गोली चलने की आवाज। सभी लोग थोड़ा चौंकते हैं, एकदम खेमू को देखते हैं। कुछ क्षण तक वह छत को ही ताकता रहता है और फिर करवट लेकर दीवार के सामने आ जाता है। जग्गू जोर से पत्ते फेंटता है और उन्हें बाँटता है।)

जग्गू : चलो।

बाबू : (वक्त की नजाकत को ढँकते) हाँ, तुम लोग यहाँ वाकई काम करने आए हो।

जग्गू : मतलब?

बाबू : भई, तुम लोग शुक्रवार को आए हो और इतवार तक काम करने के लिए दो दिन बचे हैं।

जग्गू : क्या हिसाब लगा रहे हो?

बाबू : यहाँ रहोगे तो समझ जाओगे। कोई-कोई आदमी आड़े को देखने ही आता है। शनिवार की दोपहर में आता है और इतवार के तीन खानों के बाद अगर चाहे तो बिना कोई काम किए सोमवार की सुबह छोड़ के जा सकता है। पर तुम लोग शुक्रवार की दोपहर से काम करने आए हो। तुम्हें डेढ़ दिन काम करना ही पड़ेगा चाहे तुम इसे कोई हिसाब समझो।

जग्गू : (शांति से) हम लोगों को तो कुछ दिन रुकना ही है। हमें काफी पैसे जमा करने हैं।

(दरवाजा खुलता है और नीग्रो हीरा अंदर देखता है। एक लम्बे चेहरे वाला नीग्रो जिसकी आँखें रँगी हुई हैं।)

हीरा : मि. सुलेमान।

सुलेमान : (जो लगातार खेमू को ही देख रहा है) कौन? ओह, हैलो हीरा क्या बात है?

हीरा : आपने मुझे उस खच्चर के पैर के लिए तारकोल तैयार रखने को कहा था, वह मैंने कर दिया है।

सुलेमान : अच्छा, अभी आता हूँ।

हीरा : मैं लगा दूँ?

सुलेमान : नहीं अपना काम मैं खुद करूँगा (खड़े होते हुए)

हीरा, : मि. सुलेमान।

सुलेमान : बोलो।

हीरा : वह बड़ा-सा नया आदमी आपके पिल्लों के साथ जा रहा है।

सुलेमान : कोई बात नहीं।

हीरा : ऐसे ही सोचा कि आपको बता दूँ। पिल्ले वहाँ रहे तो मर जाएँगे।

सुलेमान : नहीं, वह कुछ नहीं करेगा।

जग्गू : **(पत्तों से अलग देखते हुए)** अगर वह बेवकूफ परेशान करे तो उसे बाहर निकाल देना।

(सुलेमान हीरा के साथ बाहर निकल जाता है)

बाबू : **(अपने पत्ते देखते)** नागिन देखी?

जग्गू : कौन?

बाबू : बॉबी की नई बीवी।

जग्गू : **(सतर्कता से)** हाँ, देखा है उसे।

बाबू : नागिन नहीं है?

जग्गू : मैंने ज्यादा नहीं देखा।

बाबू : खैर, अपनी आँखें खोलकर रखे। काफी कुछ देखने को मिलेगा। वह हर वक्त किसी न किसी पर नजर गड़ाए रहती है। और तो और हीरा पर भी। पता नहीं क्या चाहती है वह?

जग्गू : **(लापरवाही से)** जब से आई है तब से कोई झगड़ा-वगड़ा हुआ है क्या।

(दोनों में से कोई भी ताश के खेल में ध्यान नहीं दे रहा है। बाबू अपने पत्ते रख देता है और जग्गू उन्हें इकट्ठा करके अपना अकेला हाथ बनाने लगता है)

बाबू : नहीं, अभी तक तो कुछ नहीं हुआ। कुछ हफ्ते पहले ही तो आई है यहाँ। जब भी हम लोग यहाँ होते हैं ताक पड़ती है-बहाना होता है कि कुछ ढूँढ़ रही है। या बॉबी कहाँ है? लगता है कि वह आदमियों से दूर रह ही नहीं सकती। बॉबी उसके चक्कर में फिरकनी-सा घूमता रहता है।

जग्गू : आदमियों से भरे बाड़े में लड़की का क्या काम?

बाबू : अगर उसे देखकर तुम्हारा दिल मचला हो तो कल हम लोगों के साथ शहर चलना।

जग्गू : क्यों?

बाबू : ऐसे ही सूसी के पास जाएँगे। पहाड़िन के। उसके पास पाँच लड़कियाँ हैं।

जग्गू : कितना पैसा खर्च हो जाता है?

बाबू : ढाई रुपए में महुआ (**कच्ची शराब**) का आधा गिलास मिल जाता है। वहाँ बैठने के लिए अच्छी कुर्सियाँ भी रखी हैं। अगर कोई आदमी कुछ भी न करना चाहे तो वह वहाँ बैठा दारू पीता रह सकता है। वो कोई जबरदस्ती नहीं करती किसी से।

जग्गू : चलूँगा कभी।

बाबू : पक्का। बड़ा मजा आएगा। वह हमेशा मजाक करती रहती है। एक बार बोली, "मुझे पता है तुम लड़कों को क्या चाहिए। मेरी लड़कियाँ साफ-सुथरी हैं। और मैं शराब में भी पानी नहीं मिलाती।" वो अपने सामने वाली से बहुत चिढ़ती है।

जग्गू : सामने कोई दूसरा अड्डा है क्या?

बाबू : हाँ।

(कैलाश आता है। खेमू उसे देखता है)

कैलाश : खोदते-खोदते रात हो गई साली।

(अपने बिस्तर पर जाता है और पिस्तौल साफ करने लगता है।)

बाबू : हम लोग उसके यहाँ कभी नहीं जाते। उसके यहाँ पैसे देने पड़ते हैं और वह मजाक-वजाक भी नहीं करती।

जग्गू : ओह, मुझे और लोरी को तो बहुत-सा पैसा इकट्ठा करना है। कभी चलूँगा, पर यों ही। काम करने नहीं।

बाबू : ठीक है चलना। आदमी को कभी-कभी मजे भी लेने चाहिएँ।

(लोरी आता है। लोरी अपने बिस्तर में सरककर बैठ जाता है)

जग्गू : उसे अपने साथ तो नहीं ले आए, लोरी?

लोरी : नहीं जग्गू, देख लो।

जग्गू : शाबाश। खेलोगे?

लोरी : ठीक है। मुझे लगा कि तुम खेलना नहीं चाहते।

(बॉबी उत्तेजित सा अंदर आता है)

बॉबी : मेरी बीवी को देखा?

बाबू : वह यहाँ नहीं आई।

लोरी : (**गुस्से से कमरे में देखते**) वह साला सुलेमान कहाँ है?

जग्गू : खच्चर के खुर पर तारकोल लगाने गया है।

बॉबी : कितनी देर पहले?

जग्गू : ओह, पाँच दस मिनट पहले।

(बॉबी दरवाजे से बाहर भाग जाता है)

बाबू : (खड़े होते) मैं देखूँ कि क्या बात है। बॉबी गुस्से में है शायद वरना सुलेमान के पीछे-पीछे नहीं जाता। बेचारे सुलेमान को मारपीट न दे।

जग्गू : सोचता रहा होगा कि सुलेमान उसकी बीवी के साथ है।

बाबू : हाँ, हालाँकि सुलेमान होगा नहीं। पर फिर भी कोई झगड़ा-वगड़ा न हो जाए। चलो, चलते हैं।

जग्गू : मैं किसी चक्कर में नहीं पड़ना चाहता। मुझे और लोरी को तो पैसा इकट्ठा करना है।

कैलाश : **(पिस्तौल साफ करके अपने बैग में रखता है और खड़ा होता है।)** मैं चलूँ। जरा मजा आएगा।

(बाबू और कैलाश बाहर निकल जाते हैं)

जग्गू : तुमने तो सुलेमान को नहीं देखा न?

लोरी : नहीं, पहले मिला था।

जग्गू : तुमने उस लड़की को कहीं देखा?

लोरी : बॉबी की औरत को?

जग्गू : हाँ, वह तो नहीं आई वहाँ?

लोरी : (सतर्कता से) मैंने नहीं देखा।

जग्गू : तुमने सुलेमान को उससे बात करते भी नहीं देखा?

लोरी : वह तो वहाँ आई ही नहीं।

जग्गू : अच्छा है। अब झगड़ा नहीं होगा। अगर होता भी है लोरी, तो तुम उससे दूर ही रहना।

लोरी : मैं लड़ना नहीं चाहता।

(जग्गू पत्ते रखता है। लोरी एक पत्ता उठाकर उसे देखता है फिर घुमाकर देखता है।)

दोनों तरफ से एक जैसा। जग्गू, यह दोनों तरफ से एक जैसा क्यों है?

जग्गू : पता नहीं। ऐसे ही बनाते हैं इन्हें। जब तुम्हें सुलेमान मिला तो वह वहाँ क्या कर रहा था?

लारा : सुलमान।

जग्गू : हाँ, तुमने उसे देखा तो था।

लोरी : ओह हाँ, उसके हाथ में तारकोल का डिब्बा था पता नहीं किसलिए?

जग्गू : तुम्हें पक्का पता है कि वह लड़की वहाँ नहीं आई?

लोरी : नहीं, वह नहीं आई।

जग्गू : **(निःश्वास लेता है)** इससे अच्छा तो साला रंडीखाना होता है। पैसा दो, काम करो और जाओ। कोई झगड़ा नहीं।

(लोरी मुग्ध-सा सुनता है – और जग्गू चालू रहता है) तुम्हें चाँद की याद है लोरी? वो जो हमारे साथ ही स्कूल में पढ़ता था।

लोरी : वही तो जिसकी माँ कचौड़ी बनाती थी?

जग्गू : हाँ वही। खाने की बात तो तुम्हें हमेशा याद रहती है। खैर, वो चाँद भी आजकल एक रंडी के चक्कर में कुत्ता बना घूम रहा है।

लोरी : जग्गू।

जग्गू : क्या है?

लोरी : हमें कितने दिन लगेंगे वह छोटी-सी जमीन खरीदने में।

जग्गू : पता नहीं। उसके लिए बहुत-सा पैसा चाहिए। एक जगह मुझे पता है जो हमें सस्ते में मिल जाएगी पर वे लोग उसे बेचना नहीं चाहते।

लोरी : उस जगह के बारे में और कुछ बताओ जग्गू।

जग्गू : बताया तो था अभी कल रात।

लोरी : फिर से बताओ।

जग्गू : वहाँ एक मुर्गीखाना है। सब्जियाँ लगी हैं। कुछ पेड़ हैं। खेती की जगह है।

लोरी : **(बीच में ही)** और खरगोश, जग्गू?

जग्गू : मैं कुछ क्यारियाँ बना दूँगा। वहाँ तुम खरगोशों को खिलाया करना।

लोरी : **(उत्तेजित सा)** हाँ-हाँ।

जग्गू : मैं एक भट्ठी भी बना लूँगा। जब नदी के पास मुर्गियाँ बैठेंगी तो हम न जाने कितनी पकड़ लेंगे। हर इतवार को उन्हें खाया करेंगे। हो सकता है कि हमारे पास एक गाय भी हो।

लोरी : **(खुली आँखों से उसे देखते हुए)** हम लोग खेती करके रहेंगे।

जग्गू : और क्या? हमारा एक छोटा-सा घर होगा। अपना-अपना एक

कमरा। जगह ज्यादा नहीं है, इसलिए हमें मेहनत ज्यादा करनी होगी। शायद छः-सात घंटे रोज। फिर हमें और जगहों की तरह ग्यारह घंटे काम नहीं करना पड़ेगा।

लोरी : और खरगोश (**उत्सुकता से**) मैं उनकी देखभाल करूँगा। जग्गू, मैं क्या किया करूँगा?

जग्गू : तुम एक बोरा लेकर खेत में जाया करना। बोरे को भरकर खरगोशों के पिंजड़े में रख दिया करना।

लोरी : और वे उसे कुतरते रहेंगे।

जग्गू : हर छः-आठ हफ्ते में वे दर्जनों खरगोशों को ब्या दिया करेंगे। हमारे पास बेचने और खाने के लिए बहुत से खरगोश होंगे। (**प्रेरणा के लिए रुकता है**) हमारे पास कुछ कबूतर होंगे। (**किसी और दुनिया में**) हमारा सब कुछ अपना होगा और कोई उसमें दखल नहीं देगा। अगर हमें कोई आदमी पसंद नहीं तो हम कह सकते हैं-"दफा हो जाओ" और उसे जाना पड़ेगा। हम लोग एक झबरैला कुत्ता भी पालेंगे (**लोरी को घूरता है**) पर इस बात का ध्यान रखना पड़ेगा कि वह उन खरगोशों को न खा जाए।

लोरी : (**जोर से साँ लेते**) ऐसा किया तो मैं उसकी गर्दन तोड़ दूँगा। (**एक क्षण के लिए चुप बैठे रहते हैं**)

खेमू : तुम्हें पता है कि ऐसी जगह कहाँ है?

(**उसकी आवाज पर लोरी और जग्गू ऐसे चौंकते हैं मानो चोरी करते पकड़े गए हों**)

जग्गू : (**गंभीर स्वर में**) तुम्हें उससे क्या?

खेमू : कितना माँगते हैं वे (**उत्तेजित-सा**)

जग्गू : (**झटकते हुए**) मुझे तो छः सौ रुपये में मिल जाएगी। जो बूढ़ा उसका मालिक है वह बस मरने को है और बुढ़िया को दवाइयाँ चाहिए। पर, तुम्हें इससे क्या? हमारे साथ तुम्हारा कोई लेना-देना नहीं।

खेमू : (**प्यार से**) एक हाथ ही होने से मैं ज्यादा काम का तो नहीं, यहाँ बाड़े पर ही मेरा हाथ कटा है। इसीलिए उन्होंने मुझे निकाला नहीं। उन्होंने मुझे ढाई सौ रुपए दिए थे क्योंकि मेरा हाथ कट गया था। पचास रुपए अभी बैंक में भी रखे हैं। हो गए तीन सौ। और महीने के आखिर में चालीस और मिल जाएँगे। (**उत्सुकता से आगे झुकते**

हुए) अगर मैं भी तुम लोगों के साथ चलूँ तो तीन सौ चालीस रुपए मैं भी डाल दूँगा। मैं बहुत काम का तो नहीं पर फिर भी खाना पका सकता हूँ और क्यारी में पानी दे सकता हूँ।

जग्गू : **(आँखें अधखुली, अनिश्चय में)** सोचूँगा। हमने किसी और के बारे में कभी नहीं सोचा।

खेमू : मैं एक चिट्ठी भी लिख दूँगा। अगर मैं मर गया तो सारा पैसा तुम्हारा। मेरे रिश्तेदार-विश्तेदार भी नहीं हैं। तुम लोगों के पास कुछ पैसे हैं तो हम अभी वहाँ जा सकते हैं।

जग्गू : **(घृणा से)** हमारे पास तो दस रुपए हैं। **(सोचता है)** अच्छा देखो अगर मैं और लोरी एक महीना काम करें और कुछ भी खर्च न करें तो हमारे पास सौ रुपए हो जाएँगे। कुछ हो जाएँगे चार सौ चालीस। हम उसे इतने में पटा लेंगे। मैं कोई नौकरी करके बाकी का चुका दूँगा और तुम लोग अंडे या ऐसा ही कुछ बेचते रहना। **(वे आश्चर्य से एक-दूसरे को देखते हैं। चमक के साथ)** हम लोग पटा लेंगे उसे। **(उसकी आवाज आश्चर्य से भरी)** सचमुच पटा लेंगे।

खेमू : **(अपनी कलाई के ठूँठ को परेशान-सा खुजलाता है)** चार साल हो गए हाथ कटे। वे लोग मुझे जल्दी ही निकाल देंगे। अगर मैं तुम लोगों को अपना पैसा दे दूँ, तुम लोग मुझे क्यारी में पानी देने का काम दे दोगे? मैं बर्तन साफ कर दिया करूँगा या और दूसरे काम। पर हमारी अपनी जमीन तो होगी। मुझे अपनी जमीन पर काम करने का मौका मिलेगा **(दया से)** देखा तुमने कि उन्होंने मेरे कुत्ते के साथ क्या किया? कहते हैं कि वह काम का नहीं था। पर जब मैं भी ऐसा हो जाऊँगा तब मुझे कोई मारेगा नहीं। काश, मैं यहाँ से निकल पाऊँ। मैं और कहीं जा नहीं सकता और न ही मुझे कोई काम मिलेगा।

जग्गू : **(खड़ा होता है)** चिंता मत करो। हम छोटी-सी जगह को पक्का करके फिर वहीं जाकर रहेंगे। **(आश्चर्य से)** हम कहीं भी घूम सकते हैं कोई नहीं टोकेगा। बस गाय की सानी की और घूमने निकल गए। **(खेमू की तारीफ में सिर हिलाता है)**

लोरी : और खरगोशों को? कब तक होगा ऐसा जग्गू?

जग्गू : **(निश्चयपूर्वक)** एक महीने में। सीधे एक महीने में। मालूम है मैं क्या करने वाला हूँ? मैं उस जगह के बूढ़े मालिक को चिट्ठी लिख

दूँगा कि हम लोग खरीद रहे हैं। खेमू उसे सौ रुपए भेज देगा ताकि मामला पक्का हो जाए।

खेमू : (खुशी से) मैं भेज दूँगा।

लोरी : मैं तो अपने पिल्ले को भी ले चलूँगा।

(पिछली दीवार की खिड़की बाहर की तरफ खुलती है। बॉबी की बीवी भीतर झाँकती है। वे लोग उसे नहीं देखते)

जग्गू : **(तेरी से)** अच्छा, किसी को इस बारे में बताना मत। सिर्फ हम तीन और कोई नहीं। अगर उन्होंने हमें निकाल दिया तो फिर पैसा कहाँ से आएगा? हम लोग ऐसे ही काम करते रहेंगे जैसे हम कुछ समझते ही नहीं। और फिर एक दिन धड़ाम। अपनी तनख्वाह लें और यहाँ से चम्पत।

खेमू : ती सौ तो मैं तुम्हें अभी दे सकता हूँ।

लोरी : किसी को बताना नहीं। हम लोग किसी से नहीं कहेंगे, जग्गू।

जग्गू : बिल्कुल ठीक। **(एक चुप्पी और फिर जग्गू चिढ़कर)** अरे मुझे उस चीज की गंध आ रही है जिसे वो रंडी अपने ऊपर पोते रहती है।

बॉबी की बीवी : **(जग्गू के संवाद के पहले हिस्से में तो खिड़की से हटना चाहती है पर आखिरी शब्दों पर चेहरा गुस्से से लाल हो उठता है। उसके पहले संवादों पर तीनों मुड़कर उसे देखते हैं और कठोर बने रहते हैं)** रंडी किसे कह रहे हो? अच्छे घर की हूँ। खानदानी लोगों ने मुझे पाला-पोसा है। शादी से पहले कोई मेरे पास तक नहीं आ सका। मैं अच्छी लड़की थी। **(थोड़े निश्चय से)** हाँ थी **(फिर गुस्से में)** बॉबी को जानते हो? वह कभी मेरे साथ शादी नहीं करता अगर मैं बदमाश होती। मुझे रंडी कैसे कहा तुमने। मुझे...

जग्गू : **(बेरुखी से)** अगर नहीं हो तो लोगों के पीछे किसलिए लगी रहती हो? जबकि तुम्हारा घर है, आदमी है, फिर भी?

बॉबी की बीवी : **(याचनापूर्वक)** मेरा आदमी घर पर होता ही नहीं। मेरे साथ बात करने को कोई नहीं-मेरे साथ रहने के लिए कोई नहीं। सोचते हो कि बस घर पर बैठी रहूँ। मैं भी घूमना-फिरना चाहती हूँ। यहाँ कोई औरत भी नहीं जो बात कर सकूँ। मैं शहर तक भी नहीं जा सकती। अब क्या कहूँ, मैं तो बस किसी से बात करना चाहती हूँ।

जग्गू : **(जोरों से)** अगर यही तुम्हारा मकसद है तो फिर आँखें क्यों लड़ाती रहती हो?

बॉबी की बीवी : (उदास) मैं तो बस खूब बातें करना चाहती हूँ।

(पास आते स्वर - ''इसको लेकर अपना दिमाग नहीं खराब करना है'' ''मेरा दिमाग ठीक है और मुझे अब कोई सवाल का जवाब नहीं देना है – मुझे अब और कुछ नहीं पूछना है'' आदि)

जग्गू : जाओ। हम मुसीबत नहीं पालना चाहते।

(बॉबी की बीवी खिड़की से देखती है और धीरे से उसे बंद करके गायब हो जाती है। सुलेमान आता है पीछे-पीछे बॉबी, कैलाश और बाबू। सुलेमान के हाथ तारकोल से काले हैं, बॉबी ने उसकी बाँह पकड़ी है।)

बॉबी : **(समझाते हुए)** मेरा ये मतलब नहीं था। मैंने तो बस ऐसे ही पूछ लिया था।

सुलेमान : तुम हमेशा पूछते रहते हो, मैं तंग आ गया हूँ इससे। अगर तुम खुद अपनी औरत की हिफाजत नहीं कर सकते तो मैं क्या करूँ।

बॉबी : मेरा ये मतलब नहीं था। मैंने सोचा शायद तुमने उसे कहीं देखा हो।

कैलाश : तुम उससे क्यों नहीं कहते कि वो घर रहे। वो यहाँ अब ज्यादा चक्कर लगाएगी तो तुम्हीं भुगतना।

बॉबी : **(कैलाश पर झपटता है)** तुम क्यों अपनी टाँग अड़ा रहे हो।

कैलाश : **(हँसते हुए)** क्यों? बड़े चालाक बनते हो? सुलेमान पर धौंस नहीं। अभी तो सिट्टी-पिट्टी गुम होगी। तुम मुक्केबाज हो, पर मुझसे होश में बात करना।

बाबू : **(लड़ाई में शामिल होते हुए)** हुँह।

बॉबी : **(उसे घूरता है फिर अचानक हवा को कुत्ते की तरह सूँघ कर)** वो यहाँ आई तो थी। **(जग्गू से)** तू तो यहीं था। तू बता।

जग्गू : **(चिंतित दिखता है स्थिति का सामना करने के लिए। निश्चय करता है, धीरे से अपना कोट उतारकर तह करता है। भाव रहित मोनोटोन में बोलता है)** किसी ने किसी को तो तुम्हारी अक्ल ठिकाने लगानी ही थी। शायद अब ये काम मेरे हाथ से होगा।

(लोरी मंत्रमुग्ध-सा देख रहा है। एक ऊँचा अट्टहास करता है)

बॉबी : **(उस पर झपटते)** हँस क्यों रहा है?

लोरी : **(खाली नजरों से)** क्या?

बॉबी : **(गुस्से से भड़कते हुए)** हरामी के पिल्ले खड़ा हो जा कोई कुत्ते का पिल्ला मेरी हँसी नहीं उड़ा सकता। अभी दिखाता हूँ तुम्हें।

(लोरी असहाय-सा जग्गू की तरफ देखता है, उठता है और पीछे की तरफ चलने लगता है। बॉबी उसे मारता हुआ आगे बढ़ता है। दूसरे लोग दोनों आदमियों के सामने इकट्ठे हो जाते हैं। "ये कोई ढंग नहीं बॉबी, उसने तुम्हें कुछ नहीं कहा है..."। "उसे छोड़ दो बॉबी वो कोई लड़ाकू नहीं है..."। "अच्छी तरह से मरम्मत करो इसकी, लोरी उससे डरो मत..." "उसे एक मौका तो दो बॉबी।")

लोरी : (भय से चीखते हुए) जग्गू, जग्गू मुझे मार रहा है।

जग्गू : मारो साले को। (एक तेज चीख, आदमियों का झुंड अलग हटता है और बॉबी लड़खड़ा रहा है। उसका हाथ लोरी के हाथ में है।) जाने दो उसे लोरी उसे जाने दो। उसने उसका हाथ पकड़ रखा है। "देखो तो सही क्या आदमी हैं" लोरी डर से लड़खड़ाते आदमी को देखता रहता है। लोरी का चेहरा खून से रँगा हुआ है। जग्गू लोरी को कई थप्पड़ मारता है। (बॉबी बिल्कुल बेदम हो गया है) उसका हाथ छोड़ो लोरी। सुलेमान उसका हाथ टूट जाएगा। (अचानक लोरी छोड़ देता है। वो जग्गू से अलग हट जाता है)

लोरी : तुम्हीं ने तो कहा था जग्गू।

(बॉबी फर्श पर गिर गया है। सुलेमान और कैलाश उसके ऊपर झुककर उसका हाथ देखते हैं। सुलेमान आश्चर्य से लोरी को देखता है)

सुलेमान : डॉक्टर के पास ले चलो। लगता है हाथ की हड्डी टूट गई है।

लोरी : (चीखते हुए) मैं लड़ना नहीं चाहता था। मैं मारना नहीं चाहता था।

सुलेमान : कैलाश तुम गाड़ी निकालो। शहर चलकर हाथ दिखाना पड़ेगा। (सिसकते हुए लोरी की तरफ झुकता है) तुम्हारी कोई गलती नहीं है। उसने खुद ही अपने पैरों पर कुल्हाड़ी मारी है।

जग्गू : (पास आते हुए) सुलेमान, बॉबी का बाप क्या हमें निकाल देगा।

सुलेमान : पता नहीं (बॉबी के पास बैठ जाता है) सुनाई दे रहा है? (बॉबी सिर हिलाता है) सुनो, कहना कि तुम्हारा हाथ मशीन में आ गया था। अगर तुम किसी को नहीं बताओगे कि क्या हुआ तो हम भी नहीं बताएँगे। पर अगर तुमने किसी को बताया और उस आदमी को निकालने की कोशिश की तो हम सबको बता देंगे। और लोग तुम्हारा मजाक उड़ाएँगे। (बॉबी को उठाकर खड़ा करता है) चलो, अब कैलाश तुम्हें डॉक्टर के पास ले जा रहा है। (दरवाजे की तरफ चलता है लोरी से मुड़कर) देखें तुम्हारे हाथ। (लोरी अपने दोनों

हाथ दिखा देता है) हे भगवान!

जग्गू : लोरी तो डर गया था वो समझ ही नहीं पाया कि क्या करना है। मैंने तुम्हे बताया था कि उससे कोई न लड़े। नहीं, खेमू को बताया था।

खेमू : (गंभीरता से) हाँ कहा था तुमने। जब बॉबी उससे झगड़ा मोल ले रहा था।

(जग्गू, लोरी और खेमू के अलावा सभी चले जाते हैं)

जग्गू : (लोरी से बड़े प्यार से) इसमें तुम्हारी कोई गलती नहीं है। अब डरो मत। तुमने तो वही किया जो मैंने कहा।

लोरी : मैं नहीं चाहता था कि कोई झगड़ा हो।

जग्गू : चलो मैं तुम्हारे साथ चलता हूँ।

लोरी : जग्गू।

जग्गू : क्या?

लोरी : क्या मैं अब भी खरगोशों के सहला सकता हूँ जग्गू?

(दोनों एक साथ बंक हाउस के दरवाजे से बाहर चले जाते हैं)

दूसरा दृश्य

[समय : शनिवार की रात दस बजे।

साईस का कमरा जो भंडार घर को छुपाने का काम करता है। पिछली तरफ बीचों बीच लकड़ी का दरवाजा और दाहिनी तरफ एक चौकोर खिड़की। दरवाजे के एक तरफ चमड़े का थैला जिसके पीछे औजार रखे हुए हैं और दूसरे खानों में तरह-तरह की चीजें जैसे नाल, पेटियाँ और अन्य टूटी-फूटी चीजें। ऊपर बाएँ हीरा का बिस्तर, उसके ऊपर दो शैल्फों में से एक में बहुत-सी दवाइयों की शीशियाँ और डब्बे और दूसरे पर बहुत-सी फटी-पुरानी किताबें और एक बड़ी अलार्म घड़ी। ऊपर कोने में एक बंदूक और उसके पास रबर के जूतों का जोड़ा। सुनहरे चश्मों का एक जोड़ा हीरा के बिस्तर के ऊपर कील में टँगा है।

यहीं से सीधे भंडार में भी जाया जा सकता है। उस दिशा से और पूरे दृश्य के दौरान घोड़े के खाने, पैर पटकने और अपनी जंजीरों को खड़खड़ाने की और कभी-कभी घोड़ों के हिनहिनाने की आवाज आती है। कमरे में दो पेटियाँ बैठने के लिए हैं। ऊपर एक छोटी-सी बत्ती लटकी हुई है। जैसे ही पर्दा उठता है हम देखते हैं हीरा अपनी पीठ पर मरहम लगा रहा है। अपनी कमीज के अंदर हाथ डाले। उसके चेहरे पर दर्द की रेखाएँ

हैं। मालिश करने के साथ-साथ मांसपेशियों को ढीला छोड़ता है और थोड़ा कँपकँपाता है।

लोरी खुले दरवाजे से प्रकट होता है। लगभग दरवाजे को ढँके हुए। हीरा उसकी उपस्थिति को महसूस कर अपनी आँखें उठाता है। कठोर हो जाता है और छींकता है। लोरी दोस्ती करने के इरादे से मुस्करता है।]

हीरा : **(तेजी से)** तुम मेरे कमरे में क्यों आए।

लोरी : **(आँखों को भी नचाते हुए)** मैं अपने पिल्ले देखने आया था तभी तुम्हारे कमरे की बत्ती जली देखी।

हीरा : हाँ, हाँ मुझे बत्ती जलाने का तो हक है। फूटो मेरे कमरे से। तुम्हारे कमरे में मेरी कोई जरूरत नहीं है और मेरे कमरे में तुम्हारी।

लोरी : **(भोलेपन से)** तुम्हारी जरूरत क्यों नहीं है?

हीरा : **(गुस्से से)** क्योंकि मैं जात का भंगी हूँ। लोग वहाँ ताश खेलते रहते हैं पर मैं नहीं खेल सकता क्योंकि मैं भंगी हूँ। कहते हैं कि मुझसे बदबू आती है। मुझे तुम सब लोगों में से बदबू आती है।

लोरी : **(असहाय-सा)** सब लोग शहर गए हैं। जग्गू, सुलेमान और सब। जग्गू ने कहा था कि मैं यहीं ठहरूँ। किसी तरह के बखेड़े में न पड़ूँ।

हीरा : मुझसे क्या चाहिए?

लोरी : कुछ नहीं।

हीरा : तो यहाँ क्या कर रहे हो? यह तो खच्चरो के रहने की जगह है। तुम्हें उनसे क्या?

लोरी : **(धैर्य से)** मैं तो अपने पिल्ले देखने आया था।

हीरा : अच्छा-अच्छा ठीक है। जाओ और अपने पिल्ले को देख लो।

लोरी : **(एक कदम अंदर आता है कुछ याद आता है और पुनः दरवाजे पर लौट जाता है)** मैने उसे देख लिया। सुलेमान कहता है कि मुझे उसे जोर से नहीं थपथपाना चाहिए।

हीरा : **(आवाज में गुस्सा खत्म होता जाता है)** हाँ-हाँ तुम हमेशा उसे बाहर लिए घूमते हो। अम्मी उसे कहीं और न भेज दें।

लोरी : **(कमरे में घूमते हुए)** नहीं, नहीं वो मुझे सहलाने देती है।

हीरा : **(विरोध करना चाहता है पर छोड़ देता है)** अंदर आकर बैठ जाओ **(थोड़ी-सी दोस्ती के साथ)** वो लोग शहर चले गए क्या?

लोरी : खेमू नहीं गया। वो वहीं बैठा हिसाब कर रहा है।

हीरा : **(चश्मा ठीक करते हुए)** किस चीज का हिसाब?

लोरी : जमीन का। उस छोटी-सी जगह का।

हीरा : किस जमीन की बात कर रहे हो।

लोरी : वही जमीन जो हम खरीदने वाले हैं और एक छोटा-सा घर और खरगोश और मुर्गियाँ...

हीरा : तुम वाकई पागल हो। तुम्हें लोगों की नजरों से बचाने के लिए अगर वो आदमी तुम्हें बचाता फिरता है तो ठीक ही करता है।

लोरी : **(शांति से)** सच। सच हम छोटी-सी जगह लेंगे और खेती करेंगे वहाँ।

हीरा : **(अपने बिस्तर पर आराम से बैठते हुए)** उस कीलों वाले डिब्बे पर बैठ जाओ।

लोरी : **(बंदूक के ऊपर से उचकते हुए)** यह झूठ नहीं है। सच है। चाहो तो जग्गू से पूछ लेना।

हीरा : **(अपनी ठोड़ी हथेली पर टिकाते हुए)** तुम जग्गू के साथ ही काम करते हो हमेशा?

लोरी : **(गर्व से)** बिल्कुल, मैं और वह हर जगह एक साथ जाते हैं।

हीरा : **(विराम के बाद शांत स्वर से)** कभी-कभी तो उसकी बातें समझ में ही नहीं आतीं। **(आगे झुककर)** बस बातें करता रहेगा पर पता भी नहीं चलता किस बारे में बात कर रहा है।

लोरी : हाँ। ये पिल्ले बड़े कब होंगे?

हीरा : **(फिर हँसता है)** तुमसे तो कोई भी बात करता रह सकता है। पता नहीं जग्गू क्या बोलता रहता है चाहे किसी की समझ में कुछ आ रहा हो या नहीं। **(मूड उत्तेजित हो जाता है)** अब ये बातें किसी और को मत बताना। खैर, तुम्हें तो यों भी याद नहीं रहेगा। **(अपने हाथ से अपना घुटना पकड़ते)** जग्गू तुम्हें झूठ भी तो बता सकता है। ऐसे लोगों को तो बस एक साथी की जरूरत होती है। **(उसकी आवाज धीमी और कटु हो जाती है)** मान लो जग्गू वापस लौटकर न आए तो? तुम क्या करोगे?

लोरी : **(हीरा को समझने की कोशिश में)** क्या... क्या?

हीरा : मैंने कहा मान लो जग्गू की आज रात के बाद कोई खबर न मिले तो? **(आगे झुकता है)** सिर्फ तब तुम क्या करोगे?

लोरी : **(तेजी से)** वह ऐसा नहीं करेगा। जग्गू ऐसा नहीं करेगा। मैं जग्गू के साथ बचपन से हूँ। वह आज रात ही वापस आएगा। **(आवाज में संदेह उभरता है)** नहीं आएगा?

हीरा : **(उसकी पीड़ा से खुश होकर)** क्या पता? आदमी का क्या भरोसा? मान लो वह वापस आना चाहता हो पर आ न सके। मान लो वह मर जाए या जख्मी हो जाए और न लौट पाए तो?

लोरी : **(डरते हुए)** यह नहीं हो सकता। जग्गू जख्मी नहीं हो सकता।

हीरा : **(निर्दयता से)** जानते हो कि क्या होगा? ये तुम्हें कसाईबाड़े में ले जाएँगे और कुत्ते की तरह तुम्हें गर्दन से बाँध देंगे। फिर तुम भी मेरे जैसे हो जाओगे।

लोरी : **(गुस्से में हीरा की तरफ बढ़ते)** किसने जग्गू को जख्मी किया है?

हीरा : **(डर के पीछे हटते हुए)** मैं तो ऐसे ही कह रहा था। जग्गू को कुछ नहीं हुआ है। वह ठीक है। सही-सलामत वापस लौटेगा।

लोरी : **(उसके ऊपर खड़े हुए)** पर तुमने ऐसा सोचा कैसे?

हीरा : **(उसे शांत करते)** शांत हो जाओ। जग्गू को कुछ नहीं हुआ है। चलो-बैठ जाओ।

लोरी : **(भड़कते हुए)** जग्गू के बारे में मैं नहीं सुन सकता।

हीरा : **(बहुत नम्रता से)** जग्गू तुम्हारे साथ ही है। वो तो वापस आएगा ही। मेरा मतलब था कि मान लो तुम अकेले होते। मान लो कि तुम भंगी होते इसलिए वहाँ जाकर रमी न खेल पाते। कैसा लगेगा तुम्हें? मान लो कि तुम्हें यहाँ रहना पड़ता अकेले। यह सही है कि अँधेरा होने तक तुम खेल सकते थे पर उसके बाद। आदमी को आदमी का साथ चाहिए। **(उसकी आवाज काँपती है)** आदमी तो पागल हो जाए अगर उसके साथ कोई न हो। इस बात से कोई फर्क नहीं पड़ता कि वह किस जात का है। मैं जानबूझकर नीची जात में पैदा नहीं हुआ। अकेला आदमी और भी अकेला हो जाता है, वह बीमार पड़ सकता है।

लोरी : **(खुद को विश्वास दिलाता)** जग्गू आएगा? जग्गू आ गया होगा? मैं जाकर देख लूँ।

हीरा : **(और नम्रता से)** मैं तुम्हे डरा नहीं रहा था।

लोरी : **(हीनता से)** जग्गू मुझे छोड़कर नहीं जाएगा। मैं जानता हूँ जग्गू ऐसा नहीं करेगा।

हीरा : **(स्वप्नवत बोलते हुए)** बचपन में मैं और मेरे दोनों भाई साथ-साथ रहते थे। एक ही कमरे में सोते थे-एक ही बिस्तर में तीनों। वहाँ क्यारियाँ थीं। मुर्गियाँ थीं। सफेद-सफेद।

लोरी : **(रुचि से)** जग्गू कहता है कि हम लोग भी क्यारियाँ बनाएँगे।

हीरा : पागल हो तुम तो।

लोरी : चलो, जग्गू से पूछ लो।

हीरा : **(घृणा से)** तुम तो हो गधे। मैंने सैंकड़ों आदमी देखे हैं अपनी पीठ पर गट्ठर लादे। न जाने कितने लोग आते हैं, काम करते हैं, छोड़ देते हैं और चल देते हैं। और उनमें से हरेक के दिमाग में जमीन का एक छोटा-सा टुकड़ा घुसा होता है। जो कभी किसी को नहीं मिलता। हर आदमी को जमीन चाहिए। पर जैसे हर किसी को स्वर्ग नहीं मिलता इसी तरह से किसी को कभी कोई जमीन नहीं मिलती।

लोरी : हमारे पास है।

हीरा : तुम्हारे दिमाग में है बस। **(घोड़े हिलते हैं, एक हिनहिनाता भी है)** बाहर कोई है। शायद सुलेमान होगा। **(अपने आप को समेटकर दरवाजे की तरफ बढ़ते)** सुलेमान है क्या?

खेमू : **(बाहर से)** सुलेमान शहर गया है। क्या तुमने लोरी को देखा?

हीरा : बड़ा वाला?

खेमू : हाँ। कहीं दिखाई पड़ा?

हीरा : **(बिस्तर पर पहुँचकर बैठ जाता है)** वह यहीं है।

खेमू : **(दरवाजे में खड़ा रहता है, अपनी कलाई खुजलाते अंदर आने की कोई कोशिश नहीं)** लोरी मैंने हिसाब लगा लिया है जमीन का।

हीरा : **(चिढ़कर)** चाहो तो अंदर आ जाओ।

खेमू : **(संकोच से)** हाँ-हाँ।

हीरा : ओह, अंदर आ जाओ। हर कोई आ जाता है तो तुम भी आ जाओ। **(अपने आनंद को छुपाने की कोशिश करता है)**

खेमू : **(अभी तक संकोच है)** जगह कम है पर है आरामदेह। अपना एक कमरा हो तो कितना अच्छा लगता है।

हीरा : बिल्कुल। और कमरे के पीछे गोबर का ढेर लगा हो तो और भी अच्छा लगता है।

लोरी : **(बीच में ही)** तुमने जगह के बारे में कहा था न?

खेमू : मैं यहाँ काफी दिनों से हूँ। पर आज पहली बार मैं यहाँ आया हूँ।

हीरा : (उदास-सा) कोई मेरे कमरे में क्यों आने लगा। बस सुलेमान आया है यहाँ।

लोरी : (जोर देते) जमीन, तुमने जमीन के बारे में कुछ कहा था न?

खेमू : हाँ, मैंने सारा हिसाब लगा लिया है। अगर हम ठीक से चलें तो उन खरगोशों से भी हम बहुत सारा पैसा कमा सकते हैं।

लोरी : जग्गू ने कहा है मैं उन्हें सहलाऊँगा। उसने वादा किया था।

हीरा : (निर्दयता से) तुम लोग खुद बेवकूफ बन रहे हो। तुम लोग बातें भले ही करो पर जमीन कोई नहीं मिलेगी तुम्हें। बहुत से ऐसे लोगों को देखा है मैंने।

खेमू : (गुस्से से) हम लोग दिखाएँगे। जग्गू का कहना है कि हम लोग जरूर जाएँगे। पैसा हमारे पास है।

हीरा : हाँ-हाँ, पर जग्गू कहाँ है? रंडीखाने में। तुम्हारा पैसा वहीं फुँक जाएगा। मैंने बहुत बार देखा है।

खेमू : जग्गू पैसा लेकर शहर नहीं गया है। पैसा तो बैंक में है। मैं, लोरी और जग्गू। हम लोगों के पास एक-एक कमरा होगा। हम खेती करेंगे। मुर्गियाँ पालेंगे, खरगोश पालेंगे।

हीरा : (प्रभावित सा) तुम्हारे पास पैसे हैं?

खेमू : थोड़े से और इकट्ठे करने हैं। एक महीने में पूरे हो जाएँगे। जग्गू ने जमीन के बारे में पक्का कर लिया है।

हीरा : (अपने हाथों से अपनी रीढ़ को पकड़ते) हो चुका पक्का। मैंने लोगों को जमीन के लिए क्या-क्या करते देखा है पर जहाँ भी रंडीखाना या शराबघर दिखा, सब गायब। (रुकता है और फिर धीरे से बोलता है) अगर तुम्हें कुछ न करने के लिए आदमी चाहिए तो फिर मैं क्यों चलूँगा। मैं तो काम करता हूँ और खाता हूँ। मुझे हराम का खाना अच्छा नहीं लगता।

जग्गू : (दरवाजे से भीतर आता है, हाथ जेब में। दीवार का सहारा लेकर नम्र, व्यंग्मयी स्वर में बोलता है) तुम सो नहीं सकते थे चुपचाप? यहाँ पंचायत कर रहे हो।

लोरी : (अपने को बचाते) तुम चले गए थे। वहाँ तो कोई भी नहीं था। मैंने कोई गलत काम नहीं किया है, जग्गू।

जग्गू : (लापरवाही से) तुम सो जाते हो, मुझे तभी चैन मिलता है। अगर

दुबारा कभी ऐसा हुआ तो तुम्हें बहुत ठोकूँगा। (**हाथ से करता है**)

हीरा : (**लोरी का बचाव करते**) हम बैठे बातें कर रहे थे बस।

जग्गू : हाँ, मेरे कान हैं (**थकान उसके चेहरे पर**) हर वक्त मुझे यहीं रहना पड़ेगा क्या। (**हीरा से**) तुम्हारी बात नहीं है हीरा पर हमने सोचा था कि हम किसी को भी नहीं बताएँगे।

खेमू : (**विषय बदलने की कोशिश में**) शहर में मजा नहीं आया।

जग्गू : नहीं यार। वहाँ सारे लोग लड़कीबाजी में लग गए। मुझे अच्छा नहीं लगा तो मैं फूट आया वहाँ से। ऐसे पैसा फूँकने से क्या फायदा। (**अचानक घूमता है और अँधेरे भंडार घर के दरवाजे की तरफ देखता है और जोर-जोर से बोलता है**) बॉबी को ढूँढ़ रही हो?

(**बॉबी की बीवी सामने आती है**) वो यहाँ नहीं है।

बॉबी की बीवी : (**निश्चयपूर्वक**) मुझे मालूम है। मैं तो हीरा से कुछ पूछने आयी थी। मुझे क्या पता कि तुम लोग यहाँ हो।

खेमू : जग्गू ने बताया तो था कि वो यहाँ नहीं है।

बॉबी की बीवी : मुझे पता है कहाँ गया है? उसकी बाँह एक मशीन में आ गई है। पर मैं तो हीरा से कुछ पूछने आई थी।

हीरा : मुझ भंगी के कमरे में तुम्हारा क्या काम। मैं कोई आफत नहीं चाहता। मुझसे मत पूछो।

खेमू : (**कलाई के ठूँठ को रगड़ते हुए**) जब तुम्हारा आदमी है तो क्यों दूसरे लोगों के साथ इधर-उधर मुँह मारती फिरती हो?

बॉबी की बीवी : (**अचानक गुस्से में**) मैं तो तुम लोगों के साथ अच्छी बना रहना चाहती हूँ। पर तुम लोग फालतू में ही ऐंठते हो। एक आदमी तो मुझे फिल्मों में काम देने को तैयार था। (**इधर-उधर देखती है कि वह लोगों को कैसे प्रभावित कर रही है। उनकी आँखें कठोर हैं**) मैं तो यहाँ किसी से कुछ पूछने आई थी और....

खेमू : (**अचानक खड़ा होता है, कीलों का थैला पीछे फेंकता है और गुस्से से बोलता है**) बस-बस यहाँ आने की जरूरत नहीं है। तुम क्या सोचती हो कि कुछ उल्टा हो गया तो हमें दो कौड़ी के काम के लिए मारे-मारे फिरना पड़ेगा। तुम्हें पता है हमारे पास अपना एक बाड़ा भी है, अपना घर और फलों का पेड़। और हमारे दोस्त भी हैं। सब कुछ है हमारे पास। पहले नहीं थे पर अब हैं।

बॉबी की बीवी : जा-जा बूढ़े, अगर तेरे पास दो रुपये भी होते तो कहीं बैठ बैठा दारू पी रहा होता।

जग्गू : हीरा से जो कुछ भी पूछना हो, पूछ लो और चलती बनो।

बॉबी की बीवी : बॉबी के हाथों में क्या हुआ? **(हीरा हँसता है जग्गू उसे चुप कराने की कोशिश करता है)** अच्छा तो यह मशीन से नहीं हुआ। बताओ हीरा क्या हुआ था?

हीरा : मुझे क्या पता?

बॉबी की बीवी : **(उत्सुकता से)** क्या हुआ, मैं बॉबी से नहीं कहूँगी। उसने बताया कि उसका हाथ गियर में आ गया था। **(हीरा चुप है)** किसने किया?

जग्गू : किया तो किसी ने भी नहीं।

बॉबी की बीवी : **(धीरे से जग्गू की तरफ मुड़ती है)** तो तुमने किया है। खैर, उसने खुद ही मुसीबत मोल ली होगी।

जग्गू : मेरा कोई झगड़ा नहीं हुआ।

बॉबी की बीवी : **(उसके पास जाकर मुस्कराती)** शायद अब तो तुम मुझसे बात करा करोगे। हर आदमी उससे डरता है।

जग्गू : **(जरा प्यार से)** देखो, मैंने बॉबी को नहीं पीटा। अगर कुछ हुआ है तो हमारा उससे कोई लेना-देना नहीं है। बॉबी से ही पूछो उसके बारे में। और सुनो, हम लोगों को कुछ काम करना है। अब जाओ।

बॉबी की बीवी : **(उलझन में)** अगर तुमने बॉबी को नहीं मारा तो किसने मारा? **(वह दूसरों को देखती है, फिर लोरी की तरफ बढ़ती है)** ये तुम्हारे चेहरे पर खरोंच कहाँ से आई?

जग्गू : मैंने तुम्हें बताया न कि उसका हाथ मशीन में आ गया था।

लोरी : **(घबरा के जग्गू को देखता है, फिर हीनता से)** उसका हाथ मशीन में आ गया था।

जग्गू : सुन लिया, अब जाओ यहाँ से।

बॉबी की बीवी : **(लोरी के नजदीक आती है, धीरे-धीरे बोलती है और उसकी आवाज में प्यार का पुट है।)** तो यह तुमने किया था। शायद तुम्हीं बाड़ें में अकेले ऐसे आदमी हो जिसमें कुछ दम है। **(वह लोरी के कंधो पर अपना हाथ रखती है। वह उसके चेहरे को देखता है और उसके अपने चेहरे पर मुस्कराहट आ जाती है। वह उसका कंधा सहलाती है)** तुम अच्छे आदमी हो।

जग्गू : **(उस पर झपटता है, उसका कंधा पकड़कर घुमा देता है)** उसे छोड़

दो और यहाँ से चलती बनो।

बॉबी की बीवी : (डटकर पर थोड़ा डरी हुई) तुम मत बताओ कि मुझे क्या करना है। (बॉस दरवाजे में आता है, टाँगे चौड़ी करके और अँगूठे अपनी पेटी पर कसे हुए) जिससे मैं चाहूँ उससे बात कर सकती हूँ।

जग्गू : क्या तुम-(जग्गू गुस्से में नजदीक आता है। उसका हाथ उसे मारने के लिए उठा हुआ। वह थोड़ा झुक जाती है। जग्गू कठोर हो जाता है। बॉस को देखकर उसी जगह जम जाता है। दूसरे लोग भी बॉस को देखते हैं। वह धीरे से पीछे जाती है। जग्गू का हाथ नीचे गिरता है। वह दो कदम पीछे हटता है। एक क्षण के लिए सारा दृश्य रुक जाता है।)

(पर्दा गिरता है)

तीसरा अंक

पहला दृश्य

[समय : इतवार की दोपहर।
एक बड़े अनाज घर का सिरा। दीवार के साथ ऊपर जाने के लिए ढलवाँ रास्ते बने हैं। ऊपर की दीवार में एक बहुत बड़ी खिड़की। अस्तबल जिसमें घोड़े बँधे हैं। इस पूरे दृश्य में घोड़ों के हिनहिनाने की या जंजीरों को खनकाने की आवाजें आती रहती हैं। अंदर आने का रास्ता नीचे दाहिनी ओर है। भंडार के तख्ते पूरी तरह से बंद नहीं हैं। दोपहर के सूरज की किरणें तख्तों के अंदर से झाँक रही हैं और हवा में धूल के कणों के साथ दिखाई देती हैं। बाहर से खेलने की आवाजें आती हैं उत्साहित करते हुए या चिढ़ाते हुए। श्रृंगार घर में चुप्पी और शांति का माहौल है। पर्दा उठता है तो लोरी बैठा दिखाई देता है। वो अपने सामने पड़े एक मरे हुए पिल्ले को देख रहा है। वो अपने बड़े से हाथ से उसे सहला रहा है।]

लोरी : तुम मर कैसे गये? तुम इतने छोटे तो हो नहीं कि मर जाओ। मैंने तुम्हें जोर से उछाला भी नहीं **(पिल्ले का सर उठाकर उसके चेहरे को देखते हुए)** अगर जग्गू को पता चल गया कि तुम मर गये हो तो हो सकता है वो मुझे खरगोशों को सहलाने नहीं देगा। **(वो एक छोटा-सा गड्ढ़ा खोदता है, पिल्ले को उसमें लिटा देता है फिर उसे मिट्टी से ढँकता है और फिर वो उस ढेर को घूरता है)** मैं क्या झाड़ी में जाकर छुप जाऊँ। मैं जग्गू से कह दूँगा कि ये मुझे मरा हुआ ही मिला था। वो पिल्ले को बाहर निकाल कर देखता है उसके कान खींचता है और उसके बालों में उँगलियाँ चलाता है। (दुःख से) पर जग्गू को पता चल जाएगा। उसे हमेशा पता चल जाता है। वो कहेगा तुमने मारा है इसे। और खरगोशों को छूने भी नहीं देगा। **(उसका गुस्सा बढ़ता है। पिल्ले को संबोधित करता है)** तुम मर

क्यों गये - तुम चूहे जैसे छोटे तो नहीं। **(पिल्ले को उठाकर अपने से दूर फेंक देता है और उससे पीठ फेरकर बैठ जाता है। अपने घुटनों पर सर टिकाकर अपने आप से अफसोस करता है बाहर शोर की आवाजें, लोरी उठकर फिर पिल्ले को उठा लाता है और मिट्टी में दबाकर पास बैठ जाता है। वो अफसोस जाहिर करता है।)** तुम बड़े तो नहीं थे न? उसने मुझे बताया तो था, पर मुझे क्या पता था कि तुम इतनी जल्दी मर जाओगे। हो सकता है जग्गू गुस्सा न करे।

खेमू : **(पीछे से आवाज आती है)** लोरी कहाँ हो? **(लोरी जल्दी-जल्दी पिल्ले को मिट्टी के नीचे गाड़ देता है। खेमू उत्तेजित सा आता है)** मुझे पता था तुम यहीं मिलोगे। सुनो, हम नौकरी से निकाले नहीं जाएँगे। सुलेमान ने बॉस से बात की थी उसने बताया कि तुम लोग बहुत मेहनती हो। बॉस को पूरे अनाज को उठवाना है। उसने सुलेमान को बताया कि वो तुम पर और जग्गू पर नजर रखे हुए हैं। पर तुम्हें निकाला नहीं जाएगा। और सुनो बॉस ने बॉबी की बीवी को भी मजा चखा दिया। उसे कह दिया कि वो आगे से आदमियों के नजदीक भी न फटके। **(पहली बार लोरी की बेरुखी पर ध्यान देता है)** तुम परेशान क्यों हो?

लोरी : नहीं।

खेमू : तुम बीमार तो नहीं हो?

लोरी : ऊँहूँ।

खेमू : जग्गू को बताना है, बाद में मिलूँगा तुमसे। **(जाता है)**

(लोरी अकेला। पिल्ले को निकालता है मिट्टी में खुद लेटकर सहलाता है। बॉबी की बीवी चुपके से आती है। मिट्टी के ढेर के कारण लोरी उसे दिखाई नहीं देता। उसके हाथ में बहुत ही सस्ता-सा एक छोटा सूटकेस है। वो उसे मिट्टी में दबा देती है। उठ कर तसल्ली करती है कि बक्सा दिखाई तो नहीं दे रहा। लोरी उसे देखते हुए पिल्ले को मिट्टी से ढ़ँकने की कोशिश करता है। वो लोरी को ऐसा करते देख लेती है)

बॉबी की बीवी : क्या कर रहे हो यहाँ?

लोरी : (बेरुखी से) बैठा हूँ।

बॉबी की बीवी : मैंने जो किया तुमने उसे देखा तो नही?

लोरी : हाँ तुम एक बक्सा लायी थीं।

बॉबी की बीवी : (**उसके नजदीक आती है**) तुम किसी को बताओगे तो नहीं।

लोरी : (**अभी भी बेरुखी से**) मुझे तुमसे कोई मतलब नहीं है। जग्गू ने बताया था, न तो मैं तुमसे बात करूँगा और न ही कोई मतलब रखूँगा। (**पिल्ले को थोड़ा-सा और ढ़ँकता है।**)

बॉबी की बीवी : तुम जग्गू की हर बात मानते हो?

लोरी : मुझे कोई बात नहीं करनी।

बॉबी की बीवी : तुम उस सूटकेस के बारे में किसी से मत कहना। आज रात मैं यहाँ से भाग जाऊँगी अपना सारा सामान लेकर। अब मैं और नहीं सह सकती। मैं तो फिल्मों में जा रही हूँ। (**मिट्टी के नीचे पिल्ले को सहलाता लोरी का हाथ उसे दिखाई पड़ जाता है**) वहाँ क्या है?

लोरी : कुछ नहीं। मुझे तुमसे कोई बात नहीं करनी जग्गू ने कहा है।

बॉबी की बीवी : सुनो वहाँ लोग जुआ खेल रहे हैं। अभी चार ही बजे हैं। वो लोग जल्दी नहीं आने वाले। फिर तुम मुझसे बात करने में इतना डर क्यों रहे हो?

लोरी : (**थोड़ा-सा कमजोर पड़ते हुए**) जग्गू ने मना किया है।

बॉबी की बीवी : (**उसके दबे हाथ को देखते हुए**) आखिर वहाँ है क्या?

लोरी : मेरा पिल्ला है। मेरा छोटा-सा पिल्ला। (**मिट्टी हटाता है**)

बॉबी की बीवी : पर ये तो मरा हुआ है।

लोरी : (**दुःख से सफाई देते हुए**) वो इतना छोटा-सा था। मैं बस उसके साथ खेल रहा था। पर उसने मुझे काटना चाहा और मैंने उसे पीट दिया और वो मर गया।

बॉबी की बीवी : (**सांत्वना देते हुए**) चिंता क्यूँ करते हो, मर गया तो मर गया। ऐसे पिल्ले तो मारे-मारे फिरते हैं।

लोरी : मुझे उसकी चिंता नहीं है। जग्गू का डर है कि वो कहीं मुझे खरगोश सहलाने से मना न कर दे।

बॉबी की बीवी : (**मिट्टी में उसके साथ बैठकर बड़े प्यार से**) चिंता मत करो। वो सारे तो जुए में मस्त हैं, जल्दी आने वाले नहीं हैं। कल तो मैं भी दूर निकल जाऊँगी। मैं अब और नहीं सह सकती।

(**निम्नलिखित दृश्य से यह स्पष्ट है कि कोई किसी की बात नहीं सुन रहा है। फिर भी जैसे-जैसे बात आगे बढ़ती है वो दोनों पास आते जाते हैं।**)

लोरी : हमारे पास एक छोटी-सी जमीन होगी।

बॉबी की बीवी : मुझे ऐसे नहीं रहना। वैसे मैं अल्मोड़ा की हूँ। वहीं एक बार कोई कम्पनी आयी थी उसके एक आदमी से मैंने बात की। उसने कहा कि मैं भी कम्पनी के साथ घूम-फिर सकती हूँ। पर मैं 15 साल की थी इसलिए मेरी माँ ने मना कर दिया। अगर मैं चली जाती तो यहाँ पर कभी नहीं सड़ती।

लोरी : अपनी जमीन पर एक बोरा लेकर सोया करूँगा, उसमें चारा भर अपने...

बॉबी की बीवी : (**जल्दी-जल्दी**) अगली बार एक फिल्मवाले से मिली। उसने मुझे फिल्मों में काम दिलाने का वायदा किया बोला - तुम बहुत सीधी-सादी और सहज हो। मुंबई पहुँचते ही मैं तुम्हें खत लिखूँगा। (**लोरी को ध्यान से देखती है**) पर उसकी कोई चिट्ठी नहीं आई। शायद माँ ने छुपा ली होगी। खैर जहाँ चिट्ठियाँ चोरी हों मैं तो वहाँ रह ही नहीं सकती इसलिए मैंने बॉबी से शादी कर ली।

लोरी : जग्गू पिल्ले की बात पर नाराज तो नहीं होगा?

बॉबी की बीवी : मैंने ये बात कभी किसी को नहीं बताई, शायद बतलानी भी नहीं चाहिए। पर मुझे बॉबी अच्छा नहीं लगता। वो अच्छा आदमी है ही नहीं। मैं उसके साथ रहती पर कल रात वो और उसका बाप दोनों मुझ पर बरस पड़े। मैं यहाँ नहीं रह सकती। (**पास आती है, और भेद भरे स्वर में**) किसी को बताना मत, जब तक कि यहाँ से भाग न जाऊँ। मैं रात को भाग जाऊँगी और बस मुंबई पहुँच जाऊँगी।

लोरी : हम भी यहाँ से भागने वाले हैं। यह अच्छी जगह नहीं है।

बॉबी की बीवी : (**मंत्रमुग्ध**) फिल्मों में काम करूँगी और फिल्म वालों से अच्छे-अच्छे कपड़े पहनूँगी। बड़े-बड़े होटलों में रहा करूँगी। और वो लोग मेरी फोटो लिया करेंगे। जब फिल्मों का प्रीमियर हुआ करेगा मैं रेडियो पर इंटरव्यू दिया करूँगी। मुफ्त में। क्योंकि मैं खुद जो होऊँगी पिक्चरों में। (**अपना हाथ लोरी की बाँह पर रखती है**) उसने कहा था कि मैं बड़ी सीधी-सादी हूँ।

लोरी : हमें भी जाना है बहुत दूर।

बॉबी की बीवी : जब मैं बॉबी को छोड़ कर भाग जाऊँगी तो मेरी माँ मुझसे बात नहीं करेगी। वो सोचेगी मैं बदमाश हूँ और क्या। (**साफ-साफ कहती है**) ठीक भी तो है हम लोग अच्छे हैं ही कहाँ? चाहे कितने ही शरीफ

क्यों न दिखें। मेरा बाप शराबी था। वो लोग उसे ले गए। देख लो मैंने सब बता दिया।

लोरी : जग्गू और मैं मेला देखने जा रहे थे। वहीं पे मैं नदी में गिर गई, तब जग्गू ने मुझे बचाया। फिर हम मेला देखने गए। वहाँ तरह-तरह की चीजें थीं। वहाँ लम्बे-लम्बे बालों वाले खरगोश भी थे।

बॉबी की बीवी : मेरा बाप बोर्ड पेंट करता था। वो शराब में धुत्त होकर उल्टी-सीधी तस्वीरें बना-बना कर रंग बर्बाद करता था। जब मैं छोटी थी तब एक रात मेरे माँ-बाप में खूब मार-पिटाई हुई। वो तो लड़ते ही रहते थे। आधी रात गए एक दिन मेरे कमरे में आकर बोले कि मैं अब बर्दाश्त नहीं कर सकता। चलो हम दोनों यहाँ से कहीं और चलते हैं। शायद नशे में था। **(उसकी आवाज में एक अजीब सी कोमलता आ जाती है)** मुझे अभी भी याद है सड़कों पर वा अँधेरी रात जब हम वहाँ से आए थे। मुझे खूब नींद आ रही थी। बाप ने मुझे पीठ पर बिठा लिया और बोला, हम दोनों साथ रहेंगे। कोई झगड़ा नहीं कोई क्लेश नहीं, बस साथ-साथ अकेले। मैं और मेरी बिटिया। **(उसकी आवाज और भी कोमल हो जाती है)** फिर बोला, तू मेरे लिए छोटे-छोटे केक बनाना मैं दीवारों पर अच्छी-अच्छी तस्वीरें बनाऊँगा। **(दुःख से)** सुबह पुलिस वालों ने उन्हें पकड़ लिया और ले गए। **(चुप्पी)** अगर हम चले जाते तो कितना अच्छा होता।

लोरी : अगर मैं इसे गाड़ दूँ या फेंक दूँ तो शायद जग्गू को पता नहीं चलेगा।

बॉबी की बीवी : उन्हें नशे के जुर्म में बंद कर दिया, वहीं वो थोड़ी देर बाद मर गए।

लोरी : फिर तो मैं खरगोश सहला सकता हूँ।

बॉबी की बीवी : तुम खरगोशों के अलावा कुछ और नहीं सोचते?

लोरी : **(आराम से)** हम जमीन लेंगे। खेती करेंगे। मैं बोरी में चारा लाकर खरगोशों को दूँगा।

बॉबी की बीवी : खरगोशों में ऐसा क्या है जो तुम उनके लिए पागल हो?

लोरी : **(उसके पास खिसक आता है)** मुझे मुलायम चीजों को सहलाना बड़ा अच्छा लगता है। मेले में हमने खूब लम्बे-लम्बे बालों वाले खरगोश देख थे-बढ़िया-बढ़िया। सच में **(दुःखी)** मैं चूहे भी सहला लेता हूँ अगर और कोई अच्छी चीज न मिले तो।

बॉबी की बीवी : **(खिलखिलाकर)** तुम तो पागल हो।

लोरी : (ईमानदारी से) नहीं मैं पागल नहीं, जग्गू भी यही कहता है। मैं मुलायम चीजों को अपनी उँगलियों से सहलाना पसंद करता हूँ। नर्म चीजें।

बॉबी की बीवी : हाँ-हाँ, कौन नहीं चाहता? हर आदमी ऐसा करना चाहता है। मैं तो सिल्क और मखमल को महसूस करना चाहती हूँ। तुम मखमल को सहलाना चाहते हो?

लोरी : (खुशी से) हाँ-हाँ, मेरे पास पहले थोड़ा-सा था। एक औरत ने दिया था मुझे। (हाथ से नापते हुए) इतना बड़ा था। अब मेरे पास नहीं है। (वह आँखें मिचमिचाता है)

बॉबी की बीवी : (हँसते हुए) तुम तो पागल हो पर हो बहुत ही बढ़िया। बच्चे जैसे। जब भी मैं बाल काढ़ती हूँ, मैं भी अपने बालों को सहलाती हूँ क्योंकि वे बहुत ही मुलायम हैं (अपनी उँगलियों से सर के बाल सहलाती है) कुछ लोगों के बाल बहुत कड़े होते हैं जैसे कि बॉबी के ही-उसके बाल बिल्कुल झाड़ से हैं। पर मेरे बहुत मुलायम हैं। छूकर देखो न-यहाँ (लोरी का हाथ अपने सर पर रखती है) वहाँ-देखो कितने मुलायम हैं (लोरी की उँगलियाँ धीरे-धीरे उसके बालों में चलने लगती हैं) बिगाड़ो मत।

लोरी : ओह कितने सुंदर हैं (और भी जोर से सहलाता है) बहुत अच्छे हैं।

बॉबी की बीवी : अरे-अरे, खराब कर दोगे उन्हें (गुस्से से) बंद करो अब, तुम खराब कर दोगे। (वह अपना सिर एक तरफ झटके से करती है और लोरी की उँगलियाँ वहीं चलती रहती हैं। डर से) छोड़ो (चीखती है) जाने दो मुझे। (फिर से चीखती है उसका दूसरा हाथ उसका मुँह और नाक बंद कर देते हैं।)

लोरी : (याचनापूर्वक) चीखो मत। जग्गू गुस्सा होगा। (वह छूटने की जी जान से कोशिश करती है। लोरी के हाथ के नीचे एक हल्की-सी चीख आती है। वह बेहद डर गई है) ऐसा कुछ मत करो। जग्गू कहेगा कि मैंने गलत काम किया है। (वह उसके मुँह से अपना हाथ हटाता है तो एक चीख निकल जाती है गुस्से से) चुप रहो मैं नहीं चाहता कि तुम चीखो। तुम मुझे फिर किसी मुसीबत में फँसा दोगी जैसा कि जग्गू कहता ही है। चुप रहो (वह और संघर्ष करती है) अब चीखो मत। (वह जोर से उसे हिला देता है। उसकी गर्दन एक तरफ लुढ़क जाती है और वह स्थिर हो जाती है। उसे नीचे देखता है और ध्यान से मुँह पर से अपना हाथ हटा लेता है) मैं तुम्हें चोट नहीं पहुँचाना चाहता। पर वो जग्गू को गुस्सा आ जाएगा अगर तुम

चीखती रहीं। (जब कोई जवाब नहीं मिलता तो वह उसके ऊपर पूरा झुक जाता है। उसकी बाँहें उठाकर गिरा देता है एक क्षण के लिए हतप्रभ रह जाता है) मैंने गलत काम कर दिया है। मुझसे एक और गलत काम हो गया है। (वह उसके ऊपर मिट्‌टी डालता है जब तक कि वह कुछ ढँक नहीं जाती। बाहर से खेल की आवाज आ रही है। पहली बार लोरी उसके बारे में सचेत होता है। वह नीचे बैठ जाता है और सुनता है) ओह, मैंने तो सचमुच में एक गलत काम कर दिया। मुझे नहीं करना चाहिए था। जग्गू तो पगला जाएगा। और-उसने कहा था-झाड़ी में छिपे रहना जब तक मैं न आ जाऊँ। ऐसा ही कहा था उसने (वह लड़की की बगल में से पिल्ले को उठा लेता है) मैं उसे कहीं फेंक दूँगा। यहाँ पड़ा रहा तो बहुत गड़बड़ हो जाएगी। (पिल्ले को कोट के नीचे रखता है, भंडार की दीवार के पास रेंगता है। छेद में से झाँककर देखता है और फिर गायब हो जाता है)

(बॉबी की बीवी के अलावा सारा मंच खाली पड़ा है। वह घास-फूस से ढँकी पड़ी है। बहुत ही जवान और शांत चित्त दिखाई देती है। उसके लिपे-पुते चेहरे से लगता है कि वह आराम से सोई हुई है। एक क्षण के लिए मंच पर निपट सन्नाटा। फिर घोड़ों के कूदने, उनकी जंजीरों के खनकने की आवाजें आती हैं और लोगों की बातचीत उस ओर से साफ-साफ सुनाई पड़ती हैं)

खेमू : (नेपथ्य) लोरी, ओ लोरी तुम अंदर हो? (वह अंदर आता है) मैंने कुछ हिसाब-किताब और लगाया है। पता है क्या करेंगे। (बॉबी की बीवी को देखकर रुक जाता है। अपनी सफेद दाढ़ी को रगड़ता है।) मुझे क्या पता था कि तुम भी यहीं हो। तुम्हें तो यहाँ आने के लिए मना किया था। (वह उसके पास आता है और नीचे देखता है) ओ खुदा (दरवाजे के पास जाकर धीरे से पुकारता है) जग्गू, जग्गू, यहाँ आओ जग्गू।

जग्गू : (आता है) क्या है?

खेमू : (बॉबी की बीवी को दिखाते) देख लो।

जग्गू : इसे क्या हुआ है (उसके पास बढ़ आता है) ओह खुदा (खेमू मुँह फेर लेता है) मैं तो पहले से ही जानता था कि एक न एक दिन ये होगा।

खेमू : अब करें क्या। क्या करें।

जग्गू : (धीरे-धीरे थकान के साथ) मान लो हम उन लोगों को बता दें।

अगर हम उसे पकड़कर कहीं बंद कर दें। हम उसे अकेला नहीं छोड़ सकते वरन् वह भूखों मर जाएगा। **(वह खुद को ही विश्वास दिलाता है)** यह भी तो हो सकता है कि वे लोग उसे बंद कर दें बस और कुछ न करें।

खेमू : तुम्हें अच्छी तरह से पता है कि बॉबी उससे खुंदक निकालना चाहता है। जानते ही हो कि बॉबी कैसा आदमी है।

जग्गू : हाँ-हाँ वह तो है। मैं बॉबी को भी जानता हूँ। **(वह बॉबी की बीवी को पुनः देखता है)**

खेमू : **(याचना करते)** तुम और मैं भी तो वह जमीन ले सकते हैं जग्गू। वहाँ जाकर आराम से रह सकते हैं, नहीं? **(खेमू अपना सर झुकाकर घास की तरफ देखता है-यह दिखाने के लिए कि उसे मालूम है)**

जग्गू : **(अपना सिर धीरे से हिलाते)** यह बात तो मेरे और उसके बीच की ही थी

(धीरे से) मुझे मालूम था कि हम वहाँ कभी नहीं जा पाएँगे। उसे इसके बारे में सुनना बहुत अच्छा लगता था। बेवकूफी मेरी ही थी जो मैंने सोचा कि हम ऐसा कर पाएँगे।

(खेमू बोलना चाहता है पर बोल नहीं पाता)

जग्गू : **(जैसे कोई पाठ दोहराते हुए)** मैं पूरे महीने काम करूँगा और अपने पचास रुपये ले लूँगा। मैं सारी रात किसी गंदे रंडीखाने में पड़ा रहूँगा या किसी जुएखाने में बैठा रहूँगा, जब तक कि हर आदमी घर न चला जाए। और फिर मैं वापस आकर एक महीना फिर काम करूँगा। मुझे फिर पचास रुपये मिलेंगे।

खेमू : वह तो इतना अच्छा आदमी है। मुझे नहीं लगता कि उसने ऐसा कुछ किया है।

जग्गू : **(अपने आपको काबू में करके सीधा खड़ा होते हुए)** लोगों को तो बताना ही पड़ेगा। वे लोग उसे यहाँ लाए बिना नहीं मानेंगे। और कोई चारा भी तो नहीं। हो सकता है कि उसे मारें-पीटें नहीं। मैं उन्हें लोरी को मारने नहीं दूँगा **(तेजी से)** अब देखो, लोग सोचेंगे कि मैं भी इसमें शामिल हूँ। इसलिए मै कमरे में चला जाता हूँ। थोड़ी देर में तुम बाहर आकर ऐसे शोर मचा देना जैसे तुमने अभी देखा हो। ताकि लोग यह न सोचें कि मैं इसमें शामिल था। करोगे?

खेमू : ठीक है जग्गू।

जग्गू : दो-चार मिनट बाद। तुम खूब जोरों से चीखना। मैं जा रहा हूँ। **(जग्गू चला जाता है)**

खेमू : **(उसे जाते हुए देखता है। असहाय-सा बॉबी की बीवी को देखता है। उसके आगे के संवाद दुःख व गुस्से से मिले-जुले हैं)** रंडी, तुम्हीं ने किया है, नहीं? हर आदमी को पता था कि तू चीजों को तहस-नहस कर देगी। तू अच्छी थी कब, बदमाश थी। **(उसकी आवाज काँप जाती है)** मैं कुछ भी कर लेता, पानी देता **(एक क्षण के लिए रुकता है और फिर गाने के से अंदाज में पुराने लफ्जों को दोहराता रहता है)** हम कहीं भी घूमने जा सकते थे और वहाँ हमारे पास मुर्गियाँ होतीं, खरगोश होते और सर्दियों में एक बड़ी-सी अँगीठी और हम वहाँ बैठे रहते-बैठे रहते **(आँखों में आँसू आ जाते हैं और वो बड़ी मुश्किल से दरवाजे तक जाता है। चिल्लाने की कोशिश करता है)** यहाँ आओ, यहाँ आओ। **(बाहर खेल की आवाजें रुक जाती हैं। बातचीत की आवाजें जो पास आती जाती हैं। क्या बात है खेमू? शायद कुछ हो गया है।)**

(सुलेमान, कैलाश, बाबू और बॉबी आते हैं। हीरा सबसे पीछे है जिस पर किसी का ध्यान नहीं जाता। सबसे आखिर में जग्गू। उसने अपना नीला कोट पहन रखा है। उसका काला टोप उसकी आँखों पर झुका है। क्या बात हुई? हो क्या गया?)

(खेमू इशारा करता है। लोग बॉबी की बीवी को देखते हैं। सुलेमान उसके पास जाकर उसकी नब्ज और गालों को छूकर देखता है। उसका हाथ मुड़ी हुई गर्दन के नीचे जाता है। बॉबी पास आता है। एक क्षण के लिए स्तब्ध। चारो तरफ असहाय-सा देखता है। अचानक जैसे जान आ गई हो।)

बॉबी : मुझे मालूम है किसका काम है। उसी मादरचोद कुत्ते की औलाद का काम है ये। बाकी सब तो बाहर खेल में मस्त थे **(गुस्से में भड़कते हुए)** मैं उसे छोड़ूँगा नहीं। अभी आया बंदूक ले आऊँ। मैं उसे खुद ही मारूँगा। भून दूँगा साले को। चलो। **(बाहर भाग जाता है)**

कैलाश : मैं भी अपनी पिस्तौल लेकर आता हूँ। **(वो भी भाग जाता है)**

सुलेमान : **(धीरे से, जग्गू से)** मेरा ख्याल है लोरी ने ही किया है। उसकी गर्दन चटक गई है। लोरी के अलावा कोई और नहीं कर सकता। **(जग्गू धीरे से सिर हिलाता है)** शायद वीड जैसा ही कुछ हुआ होगा **(जग्गू**

सिर हिलाता है) उसे तो ढूँढना पड़ेगा ही। कुछ पता है कहाँ होगा?

जग्गू : **(शब्द तलाशते हुए)** क्या पता।

सुलेमान : ढूँढ़ना तो पड़ेगा ही।

जग्गू : **(पास आकर भावुक होकर)** वो तो पागल है सुलेमान। उसने जान कर नहीं किया होगा। उसे ढूँढ़ कर हम बंद नहीं कर सकते।

सुलेमान : अगर बॉबी को बंद कर दें तो। पर बॉबी तो उसे मारना चाहता है। **(सोचता है)** माना अगर उसे पकड़ कर बंद भी कर देते हैं तो यह भी कौन-सी अच्छी बात है।

जग्गू : हाँ।

सुलेमान : बस एक ही रास्ता है उसे बचाने का।

जग्गू : वो मुझे पता है।

कैलाश : **(दौड़कर आता है)** बहनचोद मेरी पिस्तौल चुराकर ले गया। संदूकची में नहीं है।

बॉबी : **(अपने ठीक वाला बंदूक लिए आता है)** ठीक है, उस भंगी **(नीग्रो)** के पास भी एक बंदूक है, वो तुम ले लो।

बाबू : ले-देकर नदी पास ही छिपने लायक कोई जगह है। वहीं होगा।

बॉबी : छोड़ना नहीं उसे। भून डालो साले को, बस।

बाबू : मेरे पास तो बंदूक है ही नहीं।

बॉबी : मेरे पापा को बता दो। उससे ले लो। चलो। **(संदेह से, मुड़कर जग्गू को देखता है)** तुम चल रहे हो न।

जग्गू : चल रहा हूँ। पर बॉबी, वो बेचारा तो पागल है। उसे गोली मत मारना। उसे मालूम नहीं होगा कि वो क्या कर रहा था।

बॉबी : गोली नहीं मारूँ। कैलाश की पिस्तौल नहीं चुराई उसने?

जग्गू : हो सकता है उसकी पिस्तौल खो गई हो।

कैलाश : सुबह तो थी। वो तो चुराई गई है।

सुलेमान : **(बॉबी की पत्नी को देखते हुए)** बॉबी तुम यहीं अपनी बीवी के पास रुको।

(प्रकाश शाम का सा होने लगता है। बॉबी सोच में पड़ जाता है। कमजोर सा होता है, फिर अपने आप को काबू में करते हुए)

बॉबी : नहीं। मैं साले का कचूमर निकाल दूँगा। भून डालूँगा साले को। चलो।

सुलेमान : (खेमू से) तुम यहीं रहो। हम लोग जाते हैं।

(वे चले जाते हैं। सुलेमान और जग्गू सबसे आखिर में। खेमू वहीं रह जाता है। वो घास के आसपास घूमता और बॉबी की पत्नी का चेहरा देखता रहता है)

खेमू : बेचारा!

दूसरा दृश्य

[समय : शाम।

फिर से नदी का किनारा। डूबते सूर्य की रोशनी भूरे पर्वतों पर चमकती है। नदी के किनारे पेड़ों में शाम का अहसास कराती गहरी छाया है।

पर्दा खाली मंच पर उठता है। शाम की हवा अचानक साँय-साँय जो पड़ों को हिला देती है और जमीन पर पड़े पत्तों को खड़खड़ा देती है।

मंच फिर शांत हो जाता है। लोरी भालू की सी खामोशी से अंदर आता है। वह भूखा और थका है। मंच पर आकर अपने पीछे देखता है। फिर अपने कोट के नीचे से मरा हुआ पिल्ला निकालता है, उसे जमीन पर रखता है और नदी के पास जाकर पेट के बल लेटकर पानी पीता है। वह पिल्ले के पास बैठ जाता है।]

लोरी : जग्गू मेरा जीना हराम कर देगा। मैं उसे कुछ बताऊँगा ही नहीं। मैं उसे गाड़ दूँगा। (सामने रेत में छेद बनाना शुरू करता है) पर मैं बिल्कुल नहीं भूला। मैं सीधे यहीं आया। झाड़ी में छिपा रहा और जग्गू का इंतजार किया। (छोटी-सी कब्र को ठीक से तैयार करता है, उसके छेद को आकार देते हुए फिर वह पिल्ला उठा लेता है और छेद में रख देता है) (अफसोस करते हुए) वह मुझे छोड़ेगा नहीं। वह अकेला ही रहना चाहेगा। (छेद में पिल्ले को ठीक करता है ताकि वह अच्छी तरह से फिट हो जाए) (दृढ़ता से) खैर, मैं तो सीधे पहाड़ों में जा सकता हूँ और एक गुफा ढूँढ़ लूँगा। यह जरूर

है कि मेरे पास कभी चटनी नहीं होगी। (रेत नीचे डालता है और साथ-साथ उसे थपथपाता है, अपने शब्दों के साथ-साथ) मै दूर चला जाऊँगा दूर। (हर शब्द के साथ एक थपथपाहट) (कब्र को सावधानी से भर देता है और रेत को अच्छी तरह से जमा देता है। पत्ते इकट्ठे करके उस जगह पर फैला देता है। घुटनों के बल उठ बैठता है और काम के चक्कर में सिर हिलाता है) हाँ, मैं जग्गू को कभी नहीं बताऊँगा। (फिर बैठ जाता है) उसे पता चल जाएगा। उसे हमेशा पता चल जाता है।

(दूर से पास आती आवाजें। दृश्य के दौरान पास आती जाती हैं। अचानक मुर्गे की बाँग और फिर पक्षियों के झुंड के पंखों का फड़फड़ाना। जग्गू चुपचाप पर जल्दी से अंदर आता है)

जग्गू : (कठोर फुसफुसाहट से) जल्दी से झाड़ियों में छिप जाओ।

लोरी : मैंने कुछ नहीं किया है, जग्गू।

(आवाजें बहुत नज़दीक आ गई हैं।)

जग्गू : पागल सा, जल्दी से झाड़ियों में छुप जाओ। तुम्हारा सत्यानाश हो। (आवाजें लगभग वहीं आ गई हैं। जग्गू लोरी को झाड़ियों में धक्का देता है। झाड़ियों के सिरे उसके चलने से हिलते-डुलते हैं।)

बाबू : (नेपथ्य से) वह रहा जग्गू। (अंदर आता है) अच्छा है कि अब ज्यादा आगे मत जाओ। तुम्हारे पास तो बंदूक भी नहीं है।

(सुलेमान, कैलाश, बॉस, बॉबी और तीन दूसरे लोग आते हैं। वे बंदूकें और राइफलें लिए हुए हैं।)

कैलाश : वह इधर ही आया होगा। रेत में पैरों के निशान इधर तक आए थे।

सुलेमान : (जग्गू का पक्ष लेते) अब सुनो हम लोग इस तरह से एक झुंड बनाकर उसे नहीं ढूँढ़ पाएँगे। हमें बिखर जाना चाहिए।

बॉबी : यहाँ तो झाड़ियाँ काफ़ी घनी हैं। (वह झाड़ियों की तरफ बढ़ता है जग्गू तेजी से उसके पीछे जाता है)

सुलेमान : (जाते देख जल्दी से बोलता है) वह सामने गाँव की सड़क है और खुले खेत हैं और वहाँ मेन रोड़ है। हम लोग बिखर जाएँ और झाड़ी को घेर लें।

बॉबी : सुलेमान ठीक कहता है। हम लोगों को बिखर जाना चाहिए।

सुलेमान : अच्छा होगा कि हम सड़को तक जाएँ और फिर वापस आएँ।

बॉबी : मेरी बात याद रखना। एकदम से उसे गोली मार देना।

सुलेमान : ठीक है चलो। मैं और जग्गू गाँव की सड़क पर जाते हैं। तुम लोग मेन रोड़ पर जाओ और वापस लौटो।

बॉस : अगर हम लोग बिखर गए तो हम लोग यहीं मिलेंगे। इस जगह को याद रखो।

बॉबी : मुझे तो बस उस बदमाश को पकड़ना है।

(आदमी बातें करते दाहिनी तरफ चले जाते हैं। सुलेमान और जग्गू धीरे से ऊपर की तरफ जाते हैं। उन आवाजों को सुनते हुए जो मंद से मंद पड़ती जाती हैं।)

सुलेमान : (धीरे से) वह है कहाँ?

(जग्गू काफी देर तक उसकी आँखों में देखता है। फिर उस पर विश्वास करके अँगूठे से झाड़ियों की तरफ इशारा करता है)

सुलेमान : तुम चाहते हो कि मैं अलग हट जाऊँ?

(जग्गू सिर हिलाता है। सुलेमान जाने लगता है, लौटता है, कुछ कहना चाहता है। पर फिर जग्गू के कंधे पर एक क्षण के लिए हाथ रखता है और फिर ऊपर से बाहर निकल जाता है)

जग्गू : (कठोर होकर किनारे की तरफ बढ़ता है और बैठ जाता है) लोरी।

(पानी हिलता है और लोरी बाहर आता है। पानी चूता हुआ)

लोरी : ये लोग कहाँ गए हैं? **(लम्बा विराम)**

जग्गू : शिकार करने।

लोरी : हम लोग भी उनके साथ क्यों नहीं जाते? मुझे भी शिकार करना अच्छा लगता है **(जवाब के लिए इंतजार करता है) (जग्गू नदी के पास देखता है)** क्या इसलिए कि मैंने गलत काम किया है?

जग्गू : अब इस बात से कोई फर्क नहीं पड़ता।

लोरी : क्या इसी वजह से हम लोग उनके साथ शिकार करने नहीं जा सकते?

जग्गू : (कठोरता से) अब इस बात से कोई फर्क नहीं पड़ता।

(रोशनी कम हो रही है। दूर से आदमियों के चिल्लाने की आवाजें। जग्गू अपना सिर झटककर और शोर को सुनता है)

लोरी : जग्गू।

जग्गू : क्या?

लोरी : तुम मुझे मारोगे तो नहीं?

जग्गू : तुम्हें मारूँगा?

लोरी : हाँ जैसे तुम पहले किया करते थे। जैसे "अगर मैं तुम्हारे साथ नहीं हूँ तो मैं अपने पचास रुपए वापस ले लूँगा।"

जग्गू : **(आश्चर्य के साथ)** ओह लोरी। तुम्हें हर बात याद रहती है जो मैं तुमसे कहता हूँ?

लोरी : खैर, क्या तुमने ऐसा नहीं कहा था?

जग्गू : **(गाते हुए)** अगर मैं अकेला होता तो मैं कितनी आसानी से रह पाता। **(उसकी आवाज एकरस है)** मैं कोई नौकरी कर लेता और कोई बखेड़ा न होता।

लोरी : आगे-आगे। और जब महीने का आखिर आता–

जग्गू : और जब महीने का आखिर आता तो मैं अपने पचास रुपये लेता और किसी रंडीखाने जाता–

लोरी : **(उत्सुकता से)** आगे बोलो, जग्गू, क्या तुम मुझे और नहीं मारोगे?

जग्गू : नहीं।

लोरी : मैं जा सकता हूँ। मैं सीधे पहाड़ों में चला जाऊँगा और कोई गुफा ढूँढ़ लूँगा अगर तुम्हें मेरी जरूरत नहीं।

जग्गू : **(सख्त आवाज में)** नहीं, मैं चाहता हूँ कि तुम यहीं मेरे साथ रहो।

लोरी : **(चालूपन से)** तो मुझसे वैसे ही बातें करो, जैसे पहले करते थे।

जग्गू : क्या बात करूँ तुमसे।

लोरी : दूसरे लोगों के बारे में और हम लोगों के बारे में।

जग्गू : **(पुनः गाता है)** हम जैसे लोगों का कोई घर-परिवार नहीं। उनके पास थोड़ा-सा पैसा होता है और वे उसे उड़ा देते हैं। उनका दुनिया में कोई नहीं जो उनके बारे में जरा भी सोचे।

लोरी : **(खुशी से)** पर हम वैसे नहीं। अब हमारी अपनी बात करो।

जग्गू : पर हम लोग वैसे नहीं।

लोरी : क्योंकि...

जग्गू : क्योंकि तुम मेरे साथ और मैं....

लोरी : **(खुशी से)** और मैं तुम्हारे साथ हूँ। हम दोनों एक-दूसरे के साथ हैं और इसीलिए किसी को हमारी चिंता करने की जरूरत नहीं है।

(और फिर वे स्थिर हो जाते हैं। आदमियों के चिल्लाने की आवाजें। इस बार और नजदीक)

जग्गू : (अपना हैट उतारता है, काँपते हुए) अपना हैट उतार लो लोरी, हवा अच्छी लगती है।

लोरी : (अपना हैट उतारकर अपने सामने रख लेता है) पर वह सब होगा कैसे?

(फिर आदमियों की आवाजें। जग्गू उन्हें सुनता है)

जग्गू : नदी के पार देखो लोरी और मैं तुम्हें ऐसे बताऊँगा जैसे तुम्हारे सामने ही घट रहा हो। (लोरी अपना सिर घुमाकर नदी के पार देखता है) हम लोग एक छोटी-सी जगह लेंगे।

(अपनी साइड जेब से कैलाश का पिस्तौल निकालता है। लोरी की पीठ के पीछे हाथ और पिस्तौल जमीन पर रखे रहता है। वह लोरी के सिर के पीछे के हिस्से को घूरता है, जहाँ खोपड़ी और रीढ़ एक साथ मिलती हैं। नेपथ्य में आदमियों के बात करने की आवाजें)

लोरी : आगे सुनाओ। (जग्गू पिस्तौल उठाता है पर उसका हाथ काँप जाता है और वह अपना हाथ जमीन पर रख देता है) सुनाओ न। कैसे होगा वह सब, हम लोग एक छोटी-सी जगह लेंगे....

जग्गू : (एक साथ) हम लोग एक गाय रखेंगे और हो सकता है हम लोगों के पास एक सुअर और मुर्गियाँ हों और घर के नीचे हम लोग एक छोटा-सा चरागाह बनाएँगे।

लोरी : (चिल्लाते हुए) खरगोशों के लिए।

जग्गू : हाँ, खरगोशों के लिए ही।

लोरी : और मैं उन्हें सहला भी सकूँगा।

जग्गू : हाँ, तुम खरगोशों को सहला भी सकोगे। (लोरी खुशी से खिलखिलाते हुए)

लोरी : और जमीन की पैदावार से ही गुजारा करेंगे।

जग्गू : हाँ, (लोरी अपना सिर घुमाता है तेजी से) वहाँ देखो लोरी, जैसे कि तुम्हें सचमुच दिख रहा है।

लोरी : कहाँ?

जग्गू : सीधे नदी के परली पर क्या तुम्हें दिखाई नहीं देता?

लोरी : कहाँ जग्गू?

जग्गू : ठीक नदी के उस पार। क्या तुम्हें दिखाई नहीं दे रहा?

लोरी : (घूमते हुए) कहाँ जग्गू?

जग्गू : उधर ही लोरी, तुम बस देखते रहो। देखते रहो।

लोरी : मैं देख रहा हूँ, जग्गू। देख रहा हूँ।

जग्गू : ठीक, वहाँ बहुत अच्छा लगेगा। वहाँ कोई तकलीफ नहीं होगी। कोई झगड़ा नहीं होगा। कोई किसी को चोट नहीं पहुँचाएगा, या किसी की चोरी नहीं करेगा। वहाँ बहुत मजा आएगा।

लोरी : मैं देख सकता हूँ जग्गू। देख सकता हूँ। ठीक वहाँ देख सकता हूँ।

(जग्गू पिस्तौल चलाता है। लोरी लड़खड़ाकर झाड़ी के पीछे गिर जाता है। दूर कहीं आदमियों की आवाजें सुनाई पड़ती हैं।)

पर्दा गिरता है

□□